Rolf Seelmann-Eggebert

In Hütten und Palästen

Ein Reporterleben

In Zusammenarbeit mit
Adele Seelmann-Eggebert

Kösel

Sollte diese Publikation Links auf Webseiten Dritter enthalten,
so übernehmen wir für deren Inhalte keine Haftung,
da wir uns diese nicht zu eigen machen, sondern lediglich auf
deren Stand zum Zeitpunkt der Erstveröffentlichung verweisen.

MIX
Papier aus verantwortungsvollen Quellen
FSC® C014496
Verlagsgruppe Random House FSC® N001967

Umschlag: Weiss Werkstatt München, unter Verwendung eines Bildes vom
Verlag, © Angelika Warmuth
Redaktion: Regina Carstensen
Satz: Uhl + Massopust, Aalen
Druck und Bindung: GGP Media GmbH, Pößneck
Printed in Germany
ISBN 978-3-466-37221-8
www.koesel.de

Dieses Buch ist auch als E-Book erhältlich.

Für Barbara, ohne deren Energie und Abenteuerlust
mein Lebensweg vermutlich ganz anders ausgefallen wäre.

Inhalt

Auf Safari mit Prinz Philip

Dunst liegt über der westafrikanischen Hafenstadt Dakar, Senegal, sodass die zweimotorige Andover der königlichen Luftflotte erst kurz vor dem Aufsetzen für unsere Kamera sichtbar wird. Vor dem VIP-Pavillon, auf den die Maschine zurollt, keine Ehrengarde, keine Militärkapelle. Wenn er alleine reist, vermeidet der Herzog von Edinburgh gerne alles, was an den »großen Bahnhof« erinnert.

Wie er mit schnellen Schritten die Flugzeugtreppe hinabeilt, sportlich, braun gebrannt, straffe Haltung, könnte man ihn genauso gut für den Manager eines internationalen Konzerns halten, der mit eigenem Flugzeug auf Geschäftsreise ist. Die vierundsechzig Lebensjahre sieht man ihm nicht an. Am Fuß der Flugzeugtreppe ein kurzer Händedruck, ein freundliches Lächeln für die Gastgeber, eine Minute später setzt sich der Konvoi schwarzer Limousinen in Bewegung, sein Ziel: die Residenz von Staatspräsident Abdou Diouf, dem der Herzog einen Höflichkeitsbesuch abstattet.

»Und das ist alles?«, fragten Regisseur und Kameramann wie aus einem Mund. Ich tröstete die Kollegen. Wir hatten mit den

Dreharbeiten für die Serie *Royalty – ein Jahr im englischen Königshaus* gerade erst begonnen.

In komplizierten Terminabsprachen mit dem Buckingham-Palast und der Genfer Zentrale der Naturschutzorganisation WWF war verabredet worden, dass wir Prinz Philip, Gemahl der englischen Königin Elizabeth II. und Herzog von Edinburgh, im Nationalpark von Djoudj filmen und am Abend desselben Tages auch unser Interview mit ihm in Dakar aufnehmen sollten. Weitere Einzelheiten müssten mit dem Herzog direkt geklärt werden. Deshalb stellte ich mich Prinz Philip nach der Pressekonferenz in Dakar vor – und erlebte gleich eine Überraschung. »Ihre dritte Frage ist zu politisch, die müssen Sie weglassen. Alle anderen Fragen sind in Ordnung«, sagte er ohne Umschweife. Ich hatte keine Ahnung, welche Frage er meinte. Die Fragen waren vor Wochen eingereicht worden, offenbar hatte er ein fabelhaftes Gedächtnis.

Von der Verleihung der *Goldenen Kamera* 1984 wusste ich, dass er gut Deutsch spricht. Ob wir das Interview auf Deutsch führen könnten? Er zögerte ein wenig. Schließlich hatte er vierzehn Tage überwiegend Französisch gesprochen, für Deutsch fehlte ihm die Übung, aber dann willigte er ein. Für Herausforderungen, die schnelles Umdenken erfordern, ist er immer zu haben gewesen.

Später schaute ich in meinen Unterlagen nach: Gegenstand der besagten dritten Frage war die Entwicklungshilfe und der von vielen Politikern der Dritten Welt vertretene Standpunkt, dass die beste Entwicklungshilfe eine gerechtere Weltwirtschaftsordnung wäre. Insofern hatte der Herzog natürlich recht. Politisch war die Frage schon, nur: Manchmal greift er kontroverse Themen auch mit Vorbedacht auf, um die Diskussion voranzutreiben, selbst auf die Gefahr hin, sich unbeliebt zu machen.

Als Prinz Philip am späten Vormittag im Camp des Naturschutzparks eintraf, erwartete ihn ein gewaltiges Tamtam. Die Parkwächter und ihre Familien, Schulkinder und Dorfälteste bildeten ein großes, an einer Seite offenes Karree, das der Herzog in voller Länge abschritt. Er wusste, was er diesen Menschen schuldig ist, die zum Teil stundenlang durch Staub und Hitze gelaufen waren, um den hohen Besucher willkommen zu heißen. Die Frauen sangen und wiegten sich im Rhythmus der Trommeln – ein farbenprächtiges Bild, das auch mein Team versöhnte: nach dem eher nüchternen Empfang in Dakar endlich Afrika, wie es leibt und lebt. Leider blieb uns weniger Zeit in Djoudj, als uns lieb gewesen wäre. Denn am frühen Abend waren wir mit Prinz Philip zum Interview zurück in Dakar verabredet.

Während er mit seiner Andover zurückfliegen konnte, mussten wir die Hauptstadt mit unserem Minibus erreichen. Das war ein Problem, mit dem professionelle Beobachter des Königshauses ein ganzes Leben zu kämpfen haben. Nur selten gelingt es, bei einer Reise mit den königlichen Hoheiten Schritt zu halten. Wir waren damals froh, dass das nur ein Jahr lang unser Problem sein sollte. Tatsächlich wurde es eine halsbrecherische Fahrt. Bis kurz vor Saint-Louis war die Piste nicht befestigt. Als die Asphaltstraße begann, blies der Wind so kräftig vom Landesinneren, dass Sand und Staub die Sicht behinderten. In den Dörfern zwang uns das bunte Gewimmel von Mensch und Tier, praktisch Schritt zu fahren. Und zehn Kilometer vor Dakar war die Hauptstraße derart mit Buschtaxis, dreifach überladenen Minibussen und Lkws verstopft, dass uns nur übrig blieb, auf Nebenstraßen unser Glück zu versuchen.

Offenbar hatten sich die Frage, ob wir tatsächlich rechtzeitig zum Interview erscheinen würden, auch Prinz Philip und seine Begleiter gestellt. Denn als uns der Sicherheitsbeamte das Tor zur Botschaft öffnete, sagte er: »Sie haben es also doch geschafft!« Zehn Minuten später betrat der Herzog den Salon, wo wir zum Interview aufgebaut hatten, lächelte und meinte: »Gut gemacht!«, so als ob wir nach einem langen Wettlauf gerade die Ziellinie passiert hätten. Der Herzog trug Safarijacke und Schlips. Auf unsere Bitte hin nahm er Platz auf einem kleinen Sofa. »Aber dann bin ich doch zu weit von Ihrem Mikrofon entfernt«, erklärte er und rückte von der Ecke in die Mitte vor. Keine Frage, er ist ein ausgesprochener Medienprofi. Wann er denn Gelegenheit habe, Deutsch zu sprechen, fragte ich ihn, während das Team einleuchtete. Ich fragte ihn auf Deutsch, um ihm die Möglichkeit zu geben, vor dem Interview ein bisschen zu üben. »Sie wissen, dass ich Präsident der Internationalen Reiterlichen Vereinigung bin«, antwortete er, »und bei den Reitern gibt es viele, die Schwierigkeiten mit der englischen Sprache haben. Da vor allem spreche ich Deutsch.«

Beim Interview kam es vor, dass er mal einen Artikel verwechselte, dass ihm ein Wort nicht einfiel. Aber dafür, dass er nur ein Jahr im Internat Salem deutschem Spracheinfluss ausgesetzt war, beherrscht er die Sprache bemerkenswert gut. Prinz Philip, eigentlich ein griechischer Prinz, ist bei Verwandten aufgewachsen. Die Eltern hatten sich getrennt. Nach der Schließung seiner Internatsschule Salem am Bodensee ging er nach Großbritannien, wo Prinzessin Elizabeth auf ihn aufmerksam wurde, als sie mit ihren Eltern Dartmouth besuchte, die Kadettenanstalt der britischen Marine. Man sagte später, bei Elizabeth sei es damals Liebe auf den ersten Blick gewesen.

Nach dem Interview in Deutsch war er bereit, noch eine englische Fassung zu machen – auch darin ganz Medienprofi. Denn natürlich würden sich Zuschauer in Großbritannien und im Commonwealth sehr wundern, wenn der Herzog von Edinburgh bei einem Verkauf der Serie nicht ihre eigene Sprache spräche. Als alles vorüber war, verabschiedete sich Prinz Philip. Er wurde zu einem Dinner auf der *Britannia* erwartet, der königlichen Yacht, die inzwischen von Gambia nach Dakar weitergefahren war. »Ich hoffe, Sie können sich heute Abend gut erholen. Ich selber habe leider noch Gastgeberpflichten.«

Vierzehn Tage später sahen wir ihn wieder. Nach Zwischenaufenthalten in Mauretanien und Madeira war die königliche Yacht in den Tejo eingelaufen. Am Nachmittag fand an Bord der *Britannia* für die Journalisten, die über den Staatsbesuch in Portugal berichteten, ein Empfang statt. Auch das ARD-Team wurde vorgestellt. Er erkannte uns sofort. »Sie haben es also wieder einmal geschafft«, sagte er.

Dass mir ausgerechnet die Wellblechpisten des Senegal den Durchbruch bei meiner ersten Sendereihe über das englische Königshaus bescheren würden, hätte ich mir nie träumen lassen. Normalerweise drehte allenfalls das britische Fernsehen bei Hofe. Dass ein deutsches Team ein Exklusivinterview mit dem Herzog von Edinburgh bekam, war schon eher ungewöhnlich. In jungen Jahren hatte mein journalistischer Ehrgeiz einer möglichst breiten Afrikaberichterstattung gegolten. Später dann gab ich mir in Großbritannien Mühe, so tief in das Wesen der parlamentarischen Monarchie einzudringen, wie es einem Ausländer möglich ist. Dazu gehörte natürlich auch der Kontakt zu Mitgliedern der königlichen Familie. Nach Prinzessin Anne war der Herzog von Edinburgh der zweite Royal, den ich vors Mikrofon bekam. Damals ahnte ich nicht, dass noch viele derartige Interviews folgen würden und dass mir eine Karriere als »Königsfritze« im deutschen Fernsehen bevorstand.

Diesen Spitznamen hat mir übrigens das Nachrichtenmagazin *Der Spiegel* verpasst. Ich habe ihn manchmal übernommen. Hofberichterstatter? Adelsexperte? Ich wollte nicht der Jubeljournalist für alle Monarchien dieser Welt sein.

Aber irgendwie blieb diese Rolle an mir haften. Ich musste nicht nur ein Jahr mit den königlichen Hoheiten Schritt halten, sondern ein halbes Leben. Wenn ich heute meine Frau Barbara gelegentlich auf den Isemarkt in Hamburg begleite, um ihr beim Einkaufen zu helfen, passiert es immer mal wieder, dass mich jemand am Ärmel zupft und fragt: »Was machen Sie denn hier? Sie gehören doch nach London!« Wenn ich dann zu erklären versuche, dass ich mit meiner Familie schon vor über zwanzig Jahren in die Hansestadt zurückgekehrt bin, herrscht oft ungläubiges Staunen. Vielleicht tragen auch die Tweed-Stoffe und die blauen Blazer, in denen ich mich nun schon seit sechzig Jahren mit Vorliebe zeige, zu diesem britischen Image bei.

Viele Fernsehzuschauer glauben, wenn ich auf dem Flughafen in Heathrow ankomme, wartet schon eine Limousine auf dem Vorfeld, um mich zum Five o'Clock Tea mit Ihrer Majestät in den Buckingham-Palast zu bringen. Das ist leider nur eine Traumvorstellung. Zwar habe ich bei Staatsbesuchen häufiger an der Tafel der Queen gesessen. Bei Empfängen habe ich das eine oder andere Wort mit ihr wechseln können. Aber so etwas wie Nähe entsteht bei solchen Gelegenheiten nicht. Königin Elizabeth II. hält immer auf Distanz, vor allem gegenüber Journalisten. Und sollte ich doch einmal Gelegenheit erhalten, mit ihr über diese Distanz zu reden, würde ich ihr vermutlich sagen: »Gut gemacht, Majestät! Bleiben Sie dabei. Sie ersparen sich viel Ärger!«

Tatsächlich weiß ich nur von einem Fall, in dem die Queen in ihrem langen Leben ein Interview gegeben hat. Große und kleine Reden, die sich an die Öffentlichkeit richten – ja, ein königliches Statement zu den Royal Collections, der Kunstsammlung der königlichen Familie – ja. Aber ein Interview? 1995 erbat die BBC eine kurze Rückerinnerung Ihrer Majestät zum fünfzigsten Jahrestag des Kriegsendes und schickte meinen alten Freund und langjährigen *Royal Correspondent* Godfrey Talbot quasi als Mikrofonhalter in den Buckingham-Palast. Als er danach sein Aufnahmegerät ausschaltete, erblasste er. Statt einer kurzen Rückerinnerung der Königin an den Tag des Kriegsendes hatte er, ohne es zu bemerken, ein langes Interview aufgenommen, mit Fragen und Antworten, »mit Lachen und Räuspern«.

Ganz London war damals, im Mai 1945, wie aus dem Häuschen und tanzte auf den Straßen. Die damalige Prinzessin Elizabeth und ihre Schwester Prinzessin Margaret baten die Eltern um Genehmigung, den Palast für ein paar Stunden verlassen zu dürfen, um sich dem fröhlichen Treiben anzuschließen. Die Queen erzählte, wie die jungen Damen in der Begleitung von zwei Gardeoffizieren unerkannt im Westend unterwegs waren, im Ritz einen Champagner getrunken und später am Palast wie alle anderen gerufen hätten: *»We want the King! We want the Queen!«* Tatsächlich sei es ihnen mit Hilfe eines Adjutanten, der Zutritt zum Buckingham-Palast hatte, sogar gelungen, das Königspaar ein weiteres Mal zu einem Balkonauftritt zu bewegen. Später gesellte sich auch Premierminister Sir Winston Churchill der königlichen Familie zu.

»Offenbar hat die Queen so viel Spaß an der Sache gehabt«, sagte Godfrey Talbot, »dass vom Pressebüro des Palasts keinerlei Schnitte verlangt wurden.« Und so entstand ein bemerkenswertes Zeitdokument. Tatsächlich war Godfrey Talbot schon Königsreporter der BBC, als George VI., der Vater der Königin, noch lebte, und deshalb am Hofe von St. James's eine sehr vertraute Gestalt.

»Hofberichterstatter« gibt es in Deutschland nicht mehr, seit Kaiser Wilhelm II. im Jahre 1918 abgedankt hatte und ins Exil nach Doorn in den Niederlanden gegangen war. Wie also wird man in einer Republik zu einem Reporter für royale Anlässe? Welche Pfade muss man beschreiten, um von den Hütten Afrikas, mit denen ich anfing, zu den Palästen europäischer Königsfamilien vorzudringen? Von Durst, Dürren und Diktatoren zu Pomp, Pracht und Prinzen-Herrlichkeit?

Wahrscheinlich war es der journalistische Ehrgeiz, Tore, die in der Regel als verschlossen gelten, wenigstens einen Spalt weit zu öffnen. Dabei habe ich eine interessante Entdeckung gemacht. Insbesondere in den Königshäusern, die eine eigene koloniale Vergangenheit haben, also Belgien, Großbritannien, die Niederlande, Spanien, sind die Kenntnisse über die ehemaligen Kolonien bis heute stark ausgeprägt. König Juan Carlos, heute abgedankter spanischer Monarch, schien mir absolut sattelfest, was die wirtschaftlichen und politischen Entwicklungen Lateinamerikas betraf, obgleich er sofort intervenierte: »Wir ziehen es hier vor, von hispano-amerikanischen Interessen zu sprechen.« Auch die Queen interessiert sich mit großer Sachkunde für den afrikanischen Kontinent, die ehemaligen Kolonien des Vereinigten Königreichs und Mitglieder des Commonwealth.

Man behauptet ja immer, dass sie ausschließlich repräsentative Pflichten wahrnimmt. Aber hinter den Kulissen spielt sie oft eine sehr viel wichtigere Rolle. Nachdem ich ihren Auftritt bei der Commonwealth Konferenz 1979 in Lusaka, der Hauptstadt von Sambia, beobachtet hatte, war ich überzeugt, dass die Lösung der Rhodesien-Frage – Rhodesien war eine 1965 abgefallene Kronkolonie von England, in der dann 1972 ein Bürgerkrieg begann – ohne ihre aktive Mitwirkung noch lange auf sich hätte warten lassen. Dank ihrer Überredungskünste versammelten sich dann 1980 schwarze und weiße Politiker im Lancaster House in London, wo der Übergang der Macht in die Hände der schwarzen Mehrheit verabredet wurde. Aus Rhodesien wurde Zimbabwe. Man kann wohl so weit gehen zu sagen: Ohne die Autorität der Queen wäre das alles damals nicht so schnell zustande gekommen.

Die Königshäuser und die afrikanischen Gesellschaften, die ich kennenlernen durfte: Beide bieten Einblicke in fremde Welten mit eigenen Sitten und Gebräuchen. Beide legen keinen besonderen Wert auf Publicity und machen Journalisten umso neugieriger.

Kriegskind

Geboren wurde ich am 5. Februar 1937 in Berlin – zwei Jahre vor Ausbruch des Zweiten Weltkriegs. Zu meiner Geburt erhielt meine Mutter von meinem Vater einen Opel P4 und vom Staat das Mutterkreuz in Bronze, weil sie dem »Führer« vier Söhne geschenkt hatte: Wilhelm (Will), Walter (Wall), Helmut und nun den kleinen Rolf.

Eigentlich hätte ich ein Mädchen werden sollen. Man hatte schon eine ganze Liste weiblicher Vornamen zusammengestellt. Daraus wurde jetzt nichts. Die Fantasie der Eltern war erschöpft. Während meine Brüder hießen wie der Vater oder die Großväter, blieb für mich nur ein »Rolf« übrig. Rolf – so hießen damals meiner Erinnerung nach vor allem deutsche Schäferhunde.

Die Familie wohnte in einem großen Haus in Berlin-Dahlem, Arnimallee 11, das meine Eltern in den Zwanzigerjahren erworben hatten. Mein Vater Walter war siebenundfünfzig Jahre alt, als ich geboren wurde. Er war eine Respektsperson und eine gütige Persönlichkeit. Ich habe ihn nie wirklich zornerfüllt erlebt. Er arbeitete immer viel und überließ die Erziehung der Kinder ganz seiner Frau. Für uns Buben besaß er große Autorität. Wenn er die Stimme erhob, dann war auf der Stelle aller Streit zu Ende.

Als kleiner Junge war mein Vater von der Schaukel gefallen. Er musste operiert werden, mit dem Ergebnis, dass ein Bein etwas kürzer als das andere war. Unter diesem Handikap hat er immer gelitten, auch weil er sich in der Pflicht sah, für Kaiser und Vaterland in den Krieg zu ziehen. Die Gehbehinderung hat ihn davor bewahrt, im Ersten oder Zweiten Weltkrieg eingezogen zu werden.

Mein Vater war Notar, Fachanwalt für Fideikommissrecht. Darunter versteht man eine Einrichtung des Erbrechts, wonach das Vermögen einer Familie durch Stiftung auf ewig geschlossen und erhalten werden soll. Er hatte seine Kanzlei direkt am Brandenburger Tor, wo ich ihn manchmal besuchen durfte. Es war wunderbar, sich an seinen Schreibtisch zu setzen und so zu tun, als ob man der Herr Geheimrat Seelmann-Eggebert persönlich war. Durch seine Tätigkeit als Referent für die Angelegenheiten des königlichen Hauses im Justizministerium in den letzten Jahren des Kaiserreichs hatte er auch Kontakte zum Adel und dem Großgrundbesitz. Er verstand es, nicht nur diese Kontakte, sondern auch Freundschaften aus Schul- und Studienzeiten zu pflegen, was uns insbesondere in der Kriegs- und Nachkriegszeit sehr zugutekam.

Jedes Jahr wurde im Hause des Geheimrats der 27. Januar gefeiert. Die Gäste erschienen in Frack und langem Kleid. Der Anlass war allen genauestens bekannt, aber es wurde kein großes Theater daraus gemacht. Es ging um den Geburtstag und das Wohlergehen Seiner Majestät Kaiser Wilhelms II., der sich damals im Exil in Doorn befand. Mein Vater hat ihn da auch einmal besucht, weil er sein Testament verfasst hat. Er hat darüber geschrieben: »Ich bin in Doorn vom Kaiser und von der Kaiserin Hermine empfangen worden und eine Nacht geblieben. Der Empfang vollzog sich so, dass mich zunächst die

Kaiserin in ihrem Privatsalon empfing. Darauf wurde ich von den Herrschaften zum Frühstück gebeten, an dem als Gäste nur noch Exzellenz v. Dommes und ein Adjutant teilnahmen. Der Kaiser war sehr lebhaft in der Unterhaltung. Nach Schluss des Essens bat er mich in ein Nebenzimmer, um mit mir über die Dinge zu sprechen, die mich bewogen hatten, herzukommen. Die Unterhaltung richtete sich zum Schluss auf die Frage, wie sein Verhältnis zu Hindenburg gewesen sei. Der Kaiser brachte dabei zum Ausdruck, dass das Hauptquartier und Hindenburg ihm wichtige Nachrichten vorenthalten hätten. Nachmittags ist mir Doorn gezeigt worden. Die kaiserlichen Herrschaften habe ich dann nicht mehr gesehen. Am nächsten Vormittag bin ich dann mit dem kaiserlichen Wagen zum Bahnhof und dann wieder nach Hause gefahren.« Noch heute befindet sich in unserer Wohnung eine Tonbüste des Kaisers, die Wilhelm II. meinem Vater für seine Verdienste um das Haus Hohenzollern verliehen hat.

Meine Mutter Elisabeth war eine liebenswürdige, zarte und sehr disziplinierte Person, die aus Dessau stammte. Ihre Eltern hatte sie früh verloren, Geschwister hatte sie keine. Sie war von Verwandten in die Schweiz und nach England auf eine Schule für »höhere Töchter« geschickt worden. Sie sprach hervorragend Englisch und Französisch. Außerdem schätzte sie ihr ganzes Leben lang Theater-, Opern- und Konzertbesuche und ein gepflegtes Bridge-Spiel, ein Hobby, das sie bis ins hohe Alter beibehielt. Wenn alte Dessauer Freunde und Bekannte uns aufsuchten, verfiel sie in ein fröhliches Anhaltinisch, das uns in unserer späteren Heimat Hannover eigentümlich exotisch vorkam. Eine Sprache aus vergangenen Zeiten und anderen Welten. Auch sie mochte den Umgang mit Menschen, insofern war sie gut gewappnet für die Aufgabe, ein großes Haus mit vier Söhnen und fünf Angestellten zu führen. Sie konnte streng sein, wenn es um das Gelingen von Abendgesellschaften ging. Vor Ausbruch des Kriegs gab es wohl öfter solche Gesellschaften. Dann war geschäftiges Treiben im Haus zu spüren, Silber wurde geputzt, das gute Geschirr herausgeholt, und köstliche Gerüche lockten mich in die Küche, wo die Köchin ihres Amtes waltete und mich ausnahmsweise auch mal naschen ließ. Um mich kümmerte sich – außer meiner Mutter – eine Kinderschwester, die ich »Hatta« nannte.

Deren Hochzeit bescherte mir den ersten öffentlichen Auftritt meines Lebens. Ich war vielleicht vier Jahre alt und sollte dem Brautpaar eine Porzellanterrine überreichen, die zur Aufbewahrung von Heringen gedacht war. Irgendeiner in der Familie hatte einen Sechszeiler gereimt, den ich dabei aufsagen sollte. Aber ich dachte gar nicht daran. Ich hatte keine Lust, stampfte mit den Füßen auf, kriegte auch den Sechszeiler nicht zustande. Meine Mutter hat mir dann, dem Himmel sei Dank, die Heringstonne aus der Hand genommen und die Übergabe selbst vollzogen. Auf diese Art und Weise ging mein erster öffentlicher Auftritt jedenfalls gründlich daneben.

Ich habe meine Eltern als Menschen erlebt, die eine aufrechte Haltung hatten und Traditionen pflegten. Das galt zum Beispiel im Hinblick auf den evangelischen Glauben oder Fragen der Pflichterfüllung. Viele von diesen berühmten Spruchweisheiten wie »Was du heute kannst besorgen, das verschiebe nicht auf morgen«, »Was Hänschen nicht lernt, lernt Hans nimmermehr«, »Pünktlichkeit ist die Höflichkeit der Könige« wurden gerne zitiert und vorgelebt. In dieser Beziehung bin ich das Produkt einer Familie, die das Bürgertum des frühen 20. Jahrhunderts verkörperte.

Mein Vater hatte es aus eigener Kraft zu Wohlstand gebracht. Die politische Gesinnung meines Elternhauses nannte man damals wohl »deutschnational«. Deutschnational war eine große Zahl von Deutschen. Das bedeutete nicht, dass sie Nationalsozialisten waren und deswegen zwangsläufig Hitler wählten. Sondern sie hatten »ja« gesagt zu einer Lebensform und einer politischen Einstellung, die noch ins Kaiserreich zurückreichten. Das war bei uns in der Familie mit Sicherheit so. Dass mein Vater der NSDAP je seine Stimme gegeben haben könnte, erscheint mir heute völlig abwegig.

Meine Taufe fand in der kleinen St.-Annen-Kirche in Dahlem statt, die bald eine gewisse Berühmtheit erlangen sollte. Denn Pfarrer dort war zu dieser Zeit Martin Niemöller, einer der herausragenden Männer der »Bekennenden Kirche«, die sich von den Nationalsozialisten nicht den Mund verbieten lassen wollten. Seine Lebensgeschichte *Vom U-Boot zur Kanzel* gehörte in unserer Familie zur Pflichtlektüre. Niemöller wurde von den Nazis die Predigterlaubnis entzogen. Er wurde verhaftet und als »persönlicher Gefangener des Führers« im Konzentrationslager Dachau weggeschlossen. Aber er überlebte. Jahrzehnte später traf ich Niemöller wieder bei einer Tagung des Weltrats der Kirchen in Afrika, über die ich als Korrespondent berichtete. Er breitete seine Arme aus und umfing mich mit den Worten: »Na, mein kleiner Täufling, wie geht's dir denn?« Es ist einer der Momente, die ich mein Leben lang nicht vergessen habe.

Einer meiner Paten gehörte dem deutschen Hochadel an: Moritz, Erbprinz von Sachsen-Altenburg. Er war ein Mandant meines Vaters und im Übrigen einer der Gründe dafür, dass immer wieder vermutet wurde, dass auch ich selbst aus adligem Hause stammte. Tatsächlich ist der Name Seelmann-Eggebert aber bürgerlich durch und durch. Er entstand, als eine der letzten Trägerinnen des Namens »Eggebert« den Mädchennamen beibehielt und bei der Hochzeit an den Familiennamen ihres Mannes (»Seelmann«) anfügte. Mein Patenonkel war Mitglied der anthroposophischen Rudolf-Steiner-Bewegung und bedachte mich zu jedem Geburtstag mit einem neuen philosophischen Werk. Er hätte sich sicher gefreut, wenn ich Schüler einer Waldorfschule geworden wäre. Aber das entsprach nicht den Traditionen der Familie. Die schickte ihre Söhne auf ein humanistisches Gymnasium, wo sie Griechisch und Latein lernten.

Ich bilde mir ein, dass meine erste Erinnerung zurückgeht in den Kinderwagen, wo mir irgendeine hilfreiche Hand eine Banane gereicht hat. Das kann theoretisch sein, denn zu der Zeit gab es in Deutschland noch Bananen, obwohl der Krieg schon begonnen hatte. Es kann aber auch sein, dass ich das alles nur geträumt habe. Dann kann man es als ein Sinnbild für mein ganzes Leben sehen. Denn mir ist im Leben viel Wohlwollen entgegengebracht worden, und ich habe viel Glück gehabt. Ich habe es zumindest so empfunden.

Während meine Brüder die Schulbank drückten, eroberte ich mir das Haus in Dahlem und sauste mit einem grünen Tretauto durch die großzügigen Räume und durch den Garten. Die Barren und Ringe, die draußen auf sportliche Nutzung warteten, ließ ich links liegen, da alle meine Versuche, mich damit zu beschäftigen, kläglich gescheitert waren. Sehr viel interessanter fand ich die umfangreiche Kollektion bemalter Sperrholzorden, die mir mein Bruder Helmut gebastelt hatte und die ich mit stolz geschwellter Brust und der Soldatenmütze meines ältesten Bruders Will durch die Räume trug. Freunde hatte ich in diesen frühen Jahren, glaube ich, nicht.

Die Arnimallee 11 war spannend genug mit allem, was da so vor sich ging. Im Übrigen waren die Brüder, wenn sie aus der Schule zurückkamen, gute Spielgefährten. Ich bin unendlich viel auf meinem gutmütigen Esel-Bruder Helmut herumgeritten, durch das ganze Haus und durch den Garten.

Offenbar habe ich meinen Eltern in der Kinderzeit keine allzu großen Sorgen bereitet, mit einer Ausnahme vielleicht. Ich war sprechfaul, ich redete nicht. Das beunruhigte die Familie doch so sehr, dass sie einen damals in Berlin als »Zitronen-Eckert« berühmten Kinderarzt konsultierte. Der empfahl den Eltern bei einem Hausbesuch in Dahlem, sie sollten den knapp dreijährigen Rolf damit beauftragen, die Filzpantinen des Vaters aus dem Schlafzimmer zu holen. Das tat ich ohne Widerworte, womit zwar nachgewiesen war, dass ich den Auftrag verstanden hatte. Aber irgendwelche verbalen Rückäußerungen wie »Will ich aber nicht« oder »Wo stehen die denn?« waren mir offenbar nicht zu entlocken. Später, als ich längst als Journalist arbeitete, gaben mir meine Eltern mehr als einmal zu verstehen, ich hätte das, was ich damals versäumt hatte, inzwischen doppelt und dreifach nachgeholt.

Zu meinen Kinderjahren gehörte auch der regelmäßige Aufenthalt in einem ländlichen Paradies. Mein ältester Bruder Will hat es einmal wie folgt beschrieben:

Wustrau – dieser slawische Dorfname, für welch wunderbare kindliche Erlebniswelt steht er! Weit erstreckt sich das Luch, träge fließt der Rhin dahin, vereinzelt, über geduckten Dörfern, Kirchtürme. Endlos dehnt sich die Ebene, steppengleich, natürliche Kulisse für alle Russlandfilme jener Jahre.

Für uns bedeuten Name und Landschaft: Ferien und Freiheit, Schule und Pflichten weit entfernt, Eltern, einmal ganz ihren Kindern gehörend. Wustrau heißt Ställe und Scheunen, Rinder und Schweine, Puten und Perlhühner, Zietenschloss und Park, Wald und See, Dorf und Vorwerke. Neuruppin, Rheinsberg und Fehrbellin in der Nähe, Nachkommen märkischer Raubritter ringsum. Kinderseligkeiten: Toben in Strohmieten, Kutschfahrten auf staubigen Feldwegen, Picknick am Seeufer, ganz zünftig. Im Bootshaus liegen Ruder- und Mahagoni-Paddelboot, ersteres zugleich mit selbst gebasteltem Piratensegel, letzteres auch mit Rollsitz und Auslegern zu fahren.

Das Angeln wird vorübergehend so zur Leidenschaft, dass wir die Zeit vergessen, den Sonnenstand dabei übersehen; erst die von angsterfüllten Eltern alarmierte Wasserpolizei findet die jeden Schuldgefühls baren Sünder samt ihrer Beute schließlich im Schilf, im Eimer Bleie, Plötzen, Schneider, ja Kulbarsche, stachelig und ungenießbar. Die Taucher und Blesshühner haben ihre Bucht wieder für sich, die »Fischer« bannige Angst vor Strafe; es bleibt dabei.

Wie vieles gibt es für die Stadtkinder zu entdecken, zu lernen. Getreidearten und Rübensorten, Gabelweihe und Rohrdommel, Melken und Striegeln, Kartoffelrösten und Fischbraten. Das Schloss wird von unten bis oben durchstöbert, Rüstungen und Schwerter werden erprobt, von alten Briefschaften auf dem Boden die Marken, zum Teil wertvolle, stibitzt.

Als derjenige, der sich juristisch um das Zietenerbe zu kümmern hatte, genoss mein Vater das Wohnrecht in der ersten Etage des Zietenschlosses in Wustrau. Davon hat die Familie in den Dreißigerjahren oft Gebrauch gemacht. Mein Vater hatte dann ein großes Seegrundstück dort erworben, auf dem er ein Wochenendhaus bauen wollte. Die ersten Bäume waren schon gefällt, als der Krieg ausbrach. Die Erschließungsarbeiten wurden eingestellt. Das Grundstück überstand die russische Besatzungszeit und auch die DDR, die im Schloss eine Richterakademie unterbrachte.

Der Zweite Weltkrieg schlich sich erst allmählich in mein Leben ein. Unsere Autos wurden vom Militär kassiert. Wie die meisten fuhren nun auch wir mit U-Bahn und Bus. Dort konnte man an den Haltestellen große Propagandaplakate studieren: »Pst – Feind hört mit!« Propagandaminister Joseph Goebbels wollte auf diese Weise verhindern, dass seine Parteigenossen auf öffentlichen Plätzen womöglich Staatsgeheimnisse miteinander austauschten.

Eine Geschichte hat mich damals tief beeindruckt, wahrscheinlich, weil sie drohende Unbill signalisierte und dramatische Folgen hätte haben können. Eines schönen Tages stand ein Lehrer von Helmut vor der Haustür. Er stellte sich als Herr Iks vor und kam gleich zur Sache: »Also, Herr Geheimrat, wenn Sie einen Feindsender hören, dann passen Sie bitte auf, dass Helmut nicht auch mithört. Denn wir haben es jetzt mehrfach erlebt, dass wir im Unterricht den letzten Wehrmachtsbericht diskutiert haben und sich Helmut dann gemeldet und gesagt hat: ›Das habe ich aber ganz anders gehört.‹« Fortan waren wir Kinder vom heimlichen Radiohören meiner Eltern – sie verfolgten den deutschen Dienst der BBC – ausgeschlossen und mussten uns nun mit der nationalsozialistischen Version der Ereignisse begnügen. Für mich als kleinen Steppke ging das so weit in Ordnung. Aber die Eltern ahnten natürlich, dass sie im Zuchthaus oder auch vor einem Erschießungskommando hätten landen können, wenn sie der brave Schulmeister nicht rechtzeitig gewarnt hätte.

Bald darauf begann der Bombenkrieg. Meine Mutter wurde als Luftschutzwart rekrutiert. Sie war zuständig für die Einhaltung der Luftschutzregeln im Hause Arnimallee 11 und hatte besondere Probleme mit ihren Schutzbefohlenen, weil die nämlich ihr Ehemann und ihre eigenen Kinder waren. Die taten zum Teil das, was ihnen gefiel, und nicht das, was sie eigentlich tun sollten. Mit Ausnahme von mir. Ich war immer wie ein geölter Blitz als Erster im Keller, sobald nachts der Alarm ertönte. Ich hatte einen kleinen Koffer mit meinem Lieblingsspielzeug, den nahm ich mit. Der Keller galt als sehr sicher, weil mein Vater ihn unmittelbar vor Ausbruch des Krieges hatte verstärken lassen, sodass sich die ganze Familie, auch Nachbarn, dort relativ gut geschützt fühlen konnten.

Das Dach des Hauses wurde vierundzwanzig Mal im Lauf des Kriegs geflickt, das heißt, es sind keine Sprengbomben auf das Haus gefallen, sondern es hat Druckwellen und Brandstäbe gegeben, die durch das eigentliche Dach in den Dachboden fielen, dann dort aber schnell gelöscht werden konnten. Das Haus hat überlebt unter schwierigen Bedingungen; und wir haben überlebt, auch dank des Hauses. Ich habe Stunden auf dem Schoß meiner Mutter verbracht. Sie hat mich getröstet, wenn ich Angst hatte. Und ich hatte oft Angst. Wenn dann der Alarm zu Ende war, stiegen wir aus dem Keller wieder hoch und freuten uns erst mal, wenn alles mehr oder weniger beim Alten war. Aber oft war das nicht der Fall. Manche Nacht habe ich verängstigt im elterlichen Schlafzimmer zugebracht, mit Blick durch die von den Bomben eingedrückten Fenster auf den Himmel von Berlin. Der war wirklich blutrot, wenn es überall brannte.

Nach einem heftigen Bombenangriff kam mitunter mein Onkel Erich, Bruder meines Vaters, aus Zehlendorf, und vergewisserte sich, dass das Haus noch stand. Er brachte dann meist ein paar Eier mit, ein bisschen Rotwein, ein bisschen Zucker. Die Eier wurden geschlagen und mit Rotwein und Zucker verzehrt. Wenn Kakao da war, wurde er mit hineingerührt.

Was dann irgendwann tatsächlich den Bomben zum Opfer fiel, war das Büro meines Vaters. Der war darüber nicht ganz unglücklich, weil er in verschiedenen Prozessen hatte beobachten müssen, dass seine Aussagen als Anwalt von der Gestapo auf Tonband mitgeschnitten wurden. Er musste Sorgen haben, dass ihm irgendwann seine Beziehungen zum Hochadel und zu oppositionellen Kreisen angekreidet werden würden. Die Bombe, die das Büro meines Vaters zerstörte, war insofern Fluch und Segen zugleich. Sie vernichtete alle Schriftstücke, darunter auch jene, die meinen Vater möglicherweise hätten belasten können.

Obwohl Deutschland mitten im Krieg war, fuhren wir sogar in die Ferien. So erinnere ich mich daran, dass wir irgendwo bei Isny im Allgäu Urlaub machten. Beim Mittagessen in dem kleinen Gasthof, wo wir abgestiegen waren, hörten wir eine Sondermeldung im Radio. Es wurde mit den üblichen Fanfaren, mit Pauken und Trompeten verkündet, dass Deutschland Russland den Krieg erklärt hätte. Mein Vater schüttelte den Kopf und sagte: »Damit ist der Krieg für Deutschland verloren.«

Will war bei Kriegsausbruch 1939 sechzehn Jahre alt, machte das »Notabitur« und wurde dann 1941 als Offiziersanwärter eingezogen. Wall, fünf Jahre jünger als Will, musste als Flakhelfer Berlin verteidigen. Meine Mutter, mein Bruder Helmut und ich mussten Berlin 1943 auf Geheiß von Goebbels verlassen. Wir landeten bei einer Freundin von ihr auf dem Gut Nassenheide, südlich von Stettin. Nassenheide bestand im Grunde aus einem Dorf und dem Gut. Das war's. Der Ort hatte allerdings den einen kleinen oder, wie sich später herausstellte, großen Fehler, dass er in der Einflugschneise der alliierten Bomber lag, die von Großbritannien nach Berlin flogen. Diesem Umstand hatten wir es zu verdanken, dass uns ausgerechnet dort das Schicksal ereilte, vor dem wir aus Berlin geflohen waren: Wir wurden ausgebombt.

Es muss eine Winternacht gewesen sein, irgendwann im Winter 1943. Eine Alarmsirene durchschnitt die Nachtruhe, wir hörten die Flieger. Und wenn dann ganze Bomberverbände über einen hinwegflogen – mit den lauten Motoren und nicht sehr hoch –, dann wusste man, es ist an der Zeit, in den Keller zu gehen. Meine Mutter sagte: »Los, wir müssen runter«, und wir beeilten uns, uns in Sicherheit zu bringen. Das ganze Haus war aus Fachwerk, nur die Treppe war glücklicherweise aus Stein. Denn in dem Augenblick, in dem wir auf der Treppe waren, fiel ein Brandstab in das Bett meiner Mutter. Wie durch ein Wunder kamen wir unversehrt unten an. Das ganze Haus ist abgebrannt. Das Einzige, was in der Nacht übrig geblieben ist von unseren Habseligkeiten, war die nasse Wäsche, die auf der Leine »überlebte«. Noch in derselben Nacht siedelten wir über in das Nachbardorf Stolzenburg. Dort besaß die Mutter der Freundin meiner Mutter auch ein Gut, sodass wir unseren Wohnsitz von einem Gut auf das nächste verlegten.

Nassenheide habe ich insofern in besonderer Erinnerung, als ich dort in eine Zwergschule eingeschult wurde. Die Kinder dieses Orts gingen gemeinsam in eine einklassige Dorfschule, und ich natürlich auch. Denn ich war nun schulpflichtig. So erlebte ich, wie Montag, Mittwoch, Freitag eine Lehrerin alle unterrichtete. Als ich nach unserer Umsiedlung am nächsten Morgen in Stolzenburg in die Schule ging, staunte ich nicht schlecht: Dieselbe Lehrerin, die ich aus Nassenheide kannte, war ebenso für die Zwergschule Stolzenburg zuständig, wo ich nun Dienstag, Donnerstag, Samstag Unterricht hatte. Also, wenn ich schon kein wirkliches Zuhause mehr hatte, so behielt ich zumindest meine Lehrerin.

Es war klar, dass Stolzenburg für uns keine Dauerlösung sein konnte. Unsere Gastgeberin war eine alte Dame, die sich im Grunde durch alles belästigt fühlte. Das Trappeln der Kinderschuhe über ihrem Kopf missfiel ihr am meisten. Das Erste, was meine Mutter zu machen hatte, war, Hüttenschuhe aus Wolle und einer alten Satteldecke herzustellen. Ich sollte mich im Haus immer nur in diesen Hüttenschuhen bewegen.

Und so haben wir uns auf einige Irrfahrten begeben. Wir fühlten uns schon ein bisschen heimatlos. Meine Mutter, Helmut und ich auf der Suche nach einem neuen Quartier, mein Vater ohne Büro in Berlin, Wall dort als Flakhelfer eingesetzt. Aber Post, Telefon und Zugverbindungen funktionierten relativ reibungslos. So erfuhren wir, dass mein Bruder Will, der auf dem Wege zum Leutnant war, einen sogenannten »Heimatschuss« bekommen hatte, einen Schuss ins Bein, der aber nicht lebensgefährlich war, jedoch nur in der »Heimat« behandelt werden konnte. Aufgrund dieser Kriegsverletzung wurde er in ein Lazarett nach Litzmannstadt transportiert, dem heutigen Łódź. Wir sind abends dort eingetroffen und von einer Pferdedroschke ins Hotel gebracht worden. Was ich erinnere, ist, dass diese Stadt voller Häuser war, deren Fenster vernagelt waren. Eigentlich war ich ja Zerstörung gewöhnt durch Berlin. Aber plötzlich Häuser zu sehen, die gänzlich unbelebt wirkten, weil sie vernagelt waren und es von der Straße her keinen Zugang gab, war unheimlich. Im Nachhinein habe ich mich stets gefragt, ob wir am jüdischen Ghetto vorbeigefahren sind.

Als im Dritten Reich die Judenverfolgung begann, hatten die Nachbarn in Dahlem die Köpfe zusammengesteckt und gesagt: »Ach, die armen Seelmanns!« Sie meinten damit, der Name sei jüdischer Herkunft. Zu unser aller Glück war mein Großvater väterlicherseits Bibliothekar an der Preußischen Staatsbibliothek in Berlin. Stammbäume waren dort sein tägliches Brot. Der »Ahnenpass« der Seelmanns war »sauber«. Aber in anderen uns befreundeten Familien war das nicht der Fall. Sie entgingen den Nazi-Schergen nur, weil sie Deutschland rechtzeitig verlassen hatten. Achtzig Jahre ist das nun her. Wenn mich ein Thema durchs Leben begleitet hat, ist es die Entmenschlichung einer angeblich zivilisierten Nation wie Deutschland in den Jahren von 1933 bis 1945. Später habe ich es schwer gefunden, Juden ins Auge zu sehen nach allem, was geschehen war. Heute haben wir gute Freunde jüdischen Glaubens. Und ich bin von Herzen dankbar, dass sie die Hand der Versöhnung ausgestreckt haben. Nicht alle können das. Und so wird uns die Schande, die wir tragen, noch durch Generationen begleiten.

In dem ganzen Kriegswirrwarr überlegte mein Vater, ob wir nach Trier umsiedeln sollten, weil er da Mandanten hatte, die bereit gewesen wären, uns aufzunehmen. Wir hatten aus Berlin schon eine Reihe von Möbeln in großen Kisten dorthin evakuiert. Wir sind auch selbst einmal in die Stadt gefahren, aber geblieben sind wir dort nicht. Man muss sich das so vorstellen, dass wir uns mögliche Fluchtziele angesehen haben, zwischendurch aber immer wieder nach Berlin zurückgekehrt sind. Das war wohl erlaubt. Unsere Eltern waren aber jedes Mal froh, wenn wir erneut unterwegs waren, weil dann die Bombengefahr nicht so groß war.

Vermutlich in der zweiten Hälfte 1944 sind wir dann im westfälischen Bad Driburg gelandet. Dort war wieder ein Mandant meines Vaters zu Hause: Graf Oeynhausen-Sierstorpff. Er hatte in Bad Driburg nicht nur sein eigenes Haus, sondern auch ein großes Kurbad errichtet, wo die Leute in Friedenszeiten hingingen, um diverse Leiden zu kurieren. Es ähnelte einer Hotelanlage. Dort hat er uns aufgenommen.

Ich bin in dem Ort auch in die Schule gegangen, eine ganz normale Volksschule, meine erste nach der Zwergschule. 1944 war ich sieben Jahre alt und wahrscheinlich in der zweiten oder dritten Klasse. Und das Einzige, was ich behalten habe, ist, dass uns die Lehrer immer sofort nach Hause geschickt haben, wenn Fliegeralarm war. Die meisten Kinder hatten einen kurzen Schulweg. Aber ich musste zu der Kuranlage zurück, die etwas außerhalb lag. Und da ist es gelegentlich vorgekommen, dass Tiefflieger die Allee, in der ich unterwegs war, unter Beschuss nahmen. Ich suchte dann Deckung hinter einem der dicken Bäume. Obgleich mir nichts passiert ist, hasse ich bis auf den heutigen Tag Flugzeuge, die dicht über meinen Kopf hinwegfliegen. Bei aller Angst gab es aber auch einen Abstumpfungseffekt. Wer ganze Tage und Nächte erlebt hatte, wie Berlin brannte, wer zugesehen hatte, wie die eigene Bleibe in Nassenheide in Schutt und Asche fiel, war bei aller Angst doch auch ein bisschen abgehärtet.

Der Krieg ging für uns ohne großen Paukenschlag, eigentlich sachte und allmählich zu Ende. Im Grunde hatten wir in Bad Driburg nicht viel auszustehen, weil das kleine Städtchen kein besonderes Ziel der Alliierten war. Im Gegenteil, nachher trugen all die Krankenhäuser und die Gebäude, die zu der Kuranlage gehörten, ein großes rotes Kreuz auf weißem Grund oben auf dem Dach, das dem Feind mitteilen sollte, hier gilt es, Leben zu bewahren, nicht, Leben zu zerstören. Die Kuranlage war ein Speziallazarett des Militärs geworden für Soldaten, die verwundet worden waren und Verletzungen im Gesicht davongetragen hatten. Manchmal bestand ein Gesicht nur noch aus zwei Plastikschläuchen, die die Funktion der Nase übernommen hatten. Das sah furchterregend aus und war schwer zu ertragen. Aber es war halt unser Alltag, und man gewöhnt sich ja an fast alles, auch daran.

Bad Driburg war damals eine Art Ein-Straßen-Dorf. Wenn die Hauptstraße blockiert war, kam man nicht wirklich weiter. Zu Kriegsende verlangten die Nationalsozialisten, dass die Driburger eine große Panzersperre bauten. Das taten sie auch, wochenlang. Sodass man plötzlich an der Hauptstraße vor einem Ding stand, das unüberwindbar schien. Es sollte verhindern, dass die Panzerspitze der Alliierten durchkam. Aber noch bevor die Truppen eintrafen, waren viele Bad Driburger schon so weit, dass sie auf ihren Balkonen weiße Betttücher hissten und damit ihre friedlichen Absichten signalisierten. Es spielten sich zahllose unerfreuliche Szenen ab, als die SS noch einmal zurückkehrte und man befürchten musste, dass sie friedfertige deutsche Landsleute als Landesverräter an die Wand stellen würde. Als dann endlich die Amerikaner eintrafen und sich der Chef der Panzerspitze das Werk ansah, sagte er: »Entweder ihr schafft das hier in zwei Stunden weg, oder wir sprengen alles ringsherum, damit wir durchkommen.« So konnten dann die Bad Driburger, die Wochen gebraucht hatten, um die Panzersperre aufzubauen, sehen, wie sie wieder alles wegschafften, um der Panzerspitze für die Weiterfahrt Platz zu machen.

Für uns Jungs – ich war inzwischen acht Jahre alt – begann mit der Ankunft der Amerikaner eine neue Ära. Im Tauschhandel taten sich völlig neue Betätigungsfelder auf. Wenn deutsche Soldaten noch zu Kriegszeiten frisch verwundet in Driburg eintrafen, hatte man ihnen für ihre Tapferkeit oft einen Orden verliehen. Wir wussten, wo diese Orden zu finden waren. Sie standen damals hoch im Kurs bei den alliierten Soldaten. Als Gegengabe ergatterten wir überwiegend Orangen, Kaugummis und Schokolade. Ich wusste gar nicht, was das ist, ein Kaugummi, und schluckte es zunächst prompt hinunter. Ich muss entweder meinen kindlichen Charme effektiv eingesetzt haben beim Handeln oder über einen besonderen Vorrat an Orden verfügt haben, jedenfalls kehrte ich eines schönen Tages mit einer schweren Lkw-Plane aus ziemlich dickem Leinwandmaterial zurück. Meine Mutter war begeistert, weil sie keine Schultaschen für uns hatte und nun Tornister anfertigen lassen konnte. Und ich bekam ein Regencape. Das ist mir ewig in Erinnerung: Es ging mir bis unter das Knie, und es blieb auf dem Boden stehen, wenn ich es ablegte.

Die Alliierten bescherten mir kleine Triumphe und neue Erfahrungen. Insofern betrachtete ich sie ganz und gar positiv. In Bad Driburg habe ich wahrscheinlich auch die ersten schwarzen Gesichter meines Lebens gesehen, denn es waren viele Afroamerikaner bei den Truppen, die uns befreiten.

An eine Geschichte entsinne ich mich noch, die typisch war für den Geist des Hauses Seelmann: Irgendwo in Bad Driburg befand sich ein Lager, wahrscheinlich vom deutschen Militär, wo es Uniformen gab, Schuhe und alles Mögliche. Mein Bruder Helmut, damals fünfzehn Jahre alt, erfuhr, dass dieses

Lager geplündert wurde, und »besorgte« sich ein Paar wunderbare Lederstiefel. Er brachte seine Beute freudestrahlend mit nach Hause. Mein Vater sah das und sagte: »Du bringst die sofort zurück, wo du sie hergeholt hast.« Aber Helmut hat sich widersetzt und meinte: »Da ist sicher nichts mehr, wenn ich komme, da ist alles weg. Wenn ich die dort hinstelle, lachen die mich aus.« Daraufhin erhob mein Vater die Stimme zu einem Machtwort: »Du bringst jetzt die Schuhe weg.« Mein Bruder schlich irritiert davon. Es war völlig klar: Geplündertes Gut – das hatte nichts in unserem Haus zu suchen. Und wenn wir barfuß gegangen wären! So war das.

Ungefähr vierzehn Tage nach Kriegsende kam plötzlich ein braun gebrannter, völlig verhungerter junger Mann bei uns an und sagte: »Ich brauche ein Fahrrad.« Das war mein Bruder Wall. Auf den ersten Blick sah er fremd aus. War das wirklich unser Bruder, so sehr von der Sonne versengt? So hager? So außer Atem? Aber es gab gar keinen Zweifel. »Ich bin hier mit einem Kameraden, der noch weitermuss und nicht mehr laufen kann.« Wir haben ihm irgendwie ein Fahrrad besorgt. Er fuhr los – und Wall war wieder da. Wir erfuhren, er war drei Tage rund um Berlin marschiert, mit lauter anderen Gefangenen unter russischer Aufsicht, und hatte zu einem bestimmten Zeitpunkt das getan, was man vernünftigerweise tat: Er hatte seinen Uniformrock weggeworfen, sich eine verlauste Decke übergelegt und war nach dem Kompass im Kopf Richtung Westen gelaufen. Eigentlich war Wall aufgrund seiner Interessen von den Eltern eine Karriere als Landwirt zugedacht. Tatsächlich begann er eine landwirtschaftliche Lehre, stieg dann aber um, machte zusammen mit Helmut Abitur und arbeitete als Kaufmann und Werbefachmann, unter anderem in Mailand und Wien.

Nun war die Familie wieder zusammen, bis auf einen. Wir wussten nicht, was aus meinem ältesten Bruder Will geworden war. Anfang des Jahres 1945 hatten wir mit ihm und seiner künftigen Frau in der Nähe von Cottbus auf die Verlobung angestoßen. Die Hochzeit fand in noch größerer Eile statt, ohne uns. Die Front rückte immer näher. Ich vermute, dass wir das letzte Lebenszeichen im Monat April erhalten haben. So wie uns erging es damals vielen Familien, deren Väter und Söhne an der Front waren. Oft dauerte es Monate, gelegentlich Jahre, bevor die Familien wieder vereint waren. Man beklagte sein individuelles Schicksal, tröstete sich aber mit dem Gedanken, dass es Hunderttausenden nicht besser ging.

In Bad Driburg hatten wir den Krieg glimpflich überstanden und dort ein halbwegs gesichertes Leben geführt. Aber mein Vater hatte keineswegs vor, seinen Lebensabend dort zu verbringen. Er war fünfundsechzig Jahre alt und musste zusehen, wie es weitergehen könnte. Seine Anwaltseinkünfte waren versiegt. Zwar bezog er aus seiner Zeit im preußischen Justizministerium noch eine Pension, die ihn das ganze Leben pünktlich erreichte, egal ob im Krieg oder im Frieden, aber davon konnte man keine Familie ernähren.

Da erfuhr mein Vater, dass in der deutsch-britischen Übergangsverwaltung in Hannover ein Mann tätig war, den er aus Berlin kannte. Diesen Mann hat er von Driburg aus aufgesucht. Es gab nach Kriegsende so gut wie keinen Bahn- oder Busverkehr mehr. Aber es gelang ihm irgendwie, ein Auto für die Reise nach Hannover zu besorgen. Zu der Stadt hatte er überhaupt keine Beziehung, aber der damalige Landeshauptmann Eberhard Hagemann kannte den alten Geheimrat aus Berliner Zeiten und wollte ihn dringend in seinen Stab holen.

Mein Vater willigte ein und sagte sich, ich lasse die Familie so schnell wie möglich nachkommen. Das war aber deswegen nicht so einfach, weil Hannover durch den Bombenkrieg schwer in Mitleidenschaft gezogen worden war und Wohnraum knapp war. Wo sollte die Familie so schnell eine Bleibe finden? Er siedelte dann vor uns nach Hannover um, und man wies ihm ganz in der Nähe der Staatskanzlei ein kleines Zimmer zu, wo er wohnen konnte. Die Staatskanzlei bestand aus einer alten Villa, die zunächst nicht unbedingt für Regierungstätigkeiten vorgesehen war. Aber dort arbeitete er als Justiziar des neu zu gründenden Landes Niedersachsen.

Niedersachsen entstand damals aus den unterschiedlichen Provinzen, die es vor dem Krieg gegeben hatte: dem Land Hannover und den Freistaaten Braunschweig, Oldenburg und Schaumburg-Lippe. Ein Gebietsrat, dem die Verwaltungschefs der infrage stehenden Landesteile angehörten, sollte die notwendigen Vorarbeiten leisten. Als Geschäftsführer wurde mein Vater berufen.

Später war der Vorgesetzte meines Vaters Hinrich Wilhelm Kopf, der erste Regierungschef des neuen Bundeslandes. Anfangs vertrug sich mein Vater gut mit ihm. Aber irgendwie war es Kopf als Sozialdemokrat doch etwas ungemütlich bei dem Gedanken, dass seine rechte Hand ein alter preußischer Geheimrat war, der noch den Hohenzollern gedient hatte. Hinrich Wilhelm Kopf galt immer als der »rote Welfe«, auf der einen Seite dem hannoverschen Welfentum verbunden, auf der anderen Seite Sozialdemokrat. Und dazu der »Hohenzollernknecht« Seelmann, wie ihn die Linke gerne bezeichnete? Jedenfalls wurde bald deutlich, dass diese Konstellation nicht von Dauer sein würde. Als dann gar nichts mehr ging zwischen Kopf und seinem Justiziar, ist mein Vater wieder Rechtsanwalt und Notar in Hannover geworden, ein Beruf, den er jahrzehntelang in Berlin ausgeübt hatte. Wenn man eine Niederlage erlebt, wie das Deutschland 1945 widerfahren ist, will man seinen Teil zum Wiederaufbau beitragen. Außerdem hat meinem Vater der Anwaltsberuf sein Leben lang Freude gemacht. Dass Kopf eine nationalsozialistische Vergangenheit hatte, erwies sich erst Jahrzehnte später.

Ich weiß nicht, ob wir Ende 1945 oder Anfang 1946 umgezogen sind, aber irgendwie haben wir es bewerkstelligt, auch als Familie nach Hannover überzusiedeln. Dort kamen wir in der Linzer Straße 1 in einer Dreizimmerwohnung unter. Im ersten Winter war es so kalt in unserem neuen Zuhause, dass die Waschlappen am Morgen im Waschbecken standen, weil sie vereist waren. Der Maschsee war zugefroren. Und wenn man dann in der langen Schlange stand, um irgendwo Lebensmittel zu ergattern, war das ebenfalls ein kaltes Vergnügen. Ich erinnere mich an die Menschentrauben, die sich vor den Gemüseläden versammelten, wenn bekannt wurde, dass es wieder einmal so eine Rarität wie Blumenkohl oder Erbsen gab. Wir lösten uns beim Anstehen ab, meine Mutter, mein Bruder Helmut und ich. Oft genug passierte es, dass nach stundenlangem Warten und Ausharren die Ware plötzlich ausverkauft war und man auf den nächsten Tag vertröstet wurde. Mit Fleischwaren, Mehl und Milchprodukten verhielt es sich nicht anders. Da standen wir dann gelegentlich sehr einsam da.

Es kam auch vor, dass ein sogenanntes Carepaket von karitativen Organisationen aus den USA in der Linzer Straße eintraf. Dann war die Freude groß. Denn allgemein war die Versorgungslage schlecht. Noch immer habe ich vor Augen, wie meine Mutter auf ihre Portion Fleisch verzichtete zugunsten ihrer vier Männer. Sie war die stille Heldin der Familie in der

Kriegs- und Nachkriegszeit. Daran gewöhnt, von viel Personal umsorgt zu sein, musste sie plötzlich ganz allein auf sich gestellt kochen, putzen, nähen, abwaschen.

Keiner von uns hatte das Talent, etwas auf dem Schwarzmarkt in Hannover zu »besorgen«. Als die Schulspeisung begann, gab es Erbsensuppe, die ich im Kochgeschirr in meinem Schultornister zur Familie nach Hause transportieren wollte. Es kam, wie es kommen musste: Als ich zu Hause eintraf, schwammen die Hefte und Schulbücher in der Erbsensuppe. Das Kochgeschirr war umgekippt, alles war ausgelaufen. Fazit: Es ist nicht einfach, Ernährer einer Familie zu sein.

Ich habe in dieser Zeit oft Hunger gehabt, aber gehungert habe ich eigentlich nicht. »Not macht erfinderisch«, sagte meine Mutter oft. Und so gab es leckeren Salat mit roten Rüben, Erbsen, Kartoffeln, nur das Fleisch fehlte. Leider. Beim Fleischer standen wir an, um ein bisschen Wurstsuppe zu erbeuten, sodass man auf der Brühe beim Abendbrot mit einigem guten Willen ein Paar Fettaugen entdecken konnte. Aus Zuckerrüben stellten wir einen schmackhaften Brotaufstrich her, der auch viel später noch oft auf unserem Esstisch stand.

Ich war inzwischen acht Jahre alt, und die Eltern stellten sich die Frage: Wie geht es nun weiter mit dem Kind? Durch Krieg, durch Ausbombung, durch die Reiserei im alten Reichsgebiet war die Schule oft ausgefallen. Das rächte sich, weil ich einfach von vielen Dingen keine Ahnung hatte. Ich konnte weder richtig rechnen noch richtig schreiben. Die Schulklasse in Hannover, wo ich mich dann wiederfand, war endlos groß. Im Krieg war viel Schulraum zerstört worden, der für die geburtenstarken Jahrgänge aus dem »Dritten Reich« gebraucht worden wäre. Ich habe eine Zahl von neunzig Kindern in Erinnerung, alle in einer Klasse. Von den neunzig Kindern wollten dreizehn auf die höhere Schule. Unser Lehrer sorgte damals dafür, dass diese dreizehn vor dem Lehrerpult in seinem engeren Einflussbereich saßen. Ich zählte mich zu ihnen, und wir mussten uns dann etwas intensiver am Unterricht beteiligen, weil wir immer unter Kontrolle waren. Die Siebenundsiebzig hinter uns machten, wozu sie Lust hatten.

Es war ein zusammengewürfelter Haufen aus allen Teilen Deutschlands, darunter viele Flüchtlingskinder. Auch ich war ja in gewisser Weise ein Flüchtlingskind, obwohl ich mich so nie betrachtet habe. Bei meinen Brüdern war das nicht anders. Für mich war ein Flüchtling jemand, der mit dem Pferdewagen von seinem Gut losgefahren war, Richtung Westen. Wahrscheinlich hat Marion Gräfin Dönhoff, später Mitherausgeberin der *ZEIT,* mit ihren plastischen Schilderungen über ihre Kindheit auf dem Familiensitz Friedrichstein in Ostpreußen und ihre siebenwöchige Flucht zu Pferde zu meinem Verständnis von Flucht und Heimat beigetragen.

Mein Vater legte Wert darauf, dass auch sein jüngster Sohn ein humanistisches Gymnasium besuchte. In Hannover gab es davon zwei: das alte hannoversche Ratsgymnasium und das preußische Kaiser Wilhelms Gymnasium (KWG). Für meinen Vater war klar, die Kinder gehörten auf das KWG. Aber würde das KWG mich auch nehmen? Man musste 1947 eine Aufnahmeprüfung machen, wenn man aufs Gymnasium wollte. Und die war streng, weil nicht genug Klassenzimmer zur Verfügung standen, obgleich sie durch den Schichtunterricht vormittags und nachmittags genutzt wurden. Eines Tages kam mein Vater vom Büro nach Hause und begrüßte mich: »Na, mein kleiner Sextaner!« Da wusste ich dann, dass ich die Prüfung bestanden hatte.

Die höhere Schule habe ich von Anfang an gerne gemocht. Obwohl ich beileibe kein Überflieger war, habe ich trotzdem sehr gute Erinnerungen an die Schulzeit, vielleicht auch deshalb, weil das die Zeit war, in der ich mein journalistisches Interesse entdeckt und ausprobiert habe.

Ein weiteres lebenslanges Interesse ist in dieser Zeit geweckt worden: die Musik. Meine Eltern meinten, Musik gehört zum Leben wie das tägliche Brot. Dass ich Geige spielen lernte, hatte aber auch einen ganz praktischen Hintergrund. Meine Mutter sagte: »Weißt du, Musik machen, das ist wichtig. Im Zweifelsfall kannst du als Stehgeiger noch irgendwo auftreten, wenn es dir im Leben sonst nicht so gut geht. Mit der Musik kannst du in Kneipen spielen oder auf der Straße. Das ist eine gute Sache.« Zum Glück ist mir die Rolle als Stehgeiger erspart geblieben.

Zunächst hatte ich einen Geigenlehrer, der schon so alt war, dass er die Obertöne nicht mehr hörte. Das war wenig hilfreich. Dann tat meine Mutter einen Nachbarn auf, Richard Junker, der mich relativ schnell weit gebracht hat. Mit 10 Jahren habe ich angefangen zu spielen, 1947. Drei Jahre später war ein großes Johann-Sebastian-Bach-Gedächtnisjahr. Und in diesem Gedächtnisjahr, das ist noch heute in meinen Noten von damals vermerkt, begann ich, Bach zu spielen. Mein Nachbar hatte mich also innerhalb von drei Jahren dazu in die Lage versetzt, dass ich das a-Moll-Violinkonzert spielen konnte, halbwegs sauber und nicht zu schnell. Bis heute ist Bach einer meiner Lieblingskomponisten geblieben.

In der Straße, in der wir damals wohnten, lebten auch einige Musiklehrer, die Gesang oder Klavier unterrichteten. Es wurde viel Kammermusik gemacht, und man brauchte oft eine zweite Geige. Da griff man dann gerne auf mich zurück.

1956 habe ich beim Abitur gemeinsam mit meinem Klassenkameraden Hans Baumgarten in der Aula unserer Schule das d-Moll-Konzert für zwei Sologeigen, Streicher und Basso continuo, das sogenannte Doppelkonzert, von Johann Sebastian Bach gespielt. Damals machte man, was die Aufführungspraxis angeht, keinen großen Unterschied, ob man Mozart oder Bach spielte. Das ist heute ganz anders. Man weiß, dass die Barockmusik ihre eigenen Gesetze hat, die sich deutlich unterscheiden von der nachfolgenden Klassik. Ein Werk von Georg Philipp Telemann klingt ganz anders, wenn es auf den Originalinstrumenten seiner Zeit gespielt wird und nicht auf Instrumenten, wie man sie in der klassischen Periode oder in der Romantik benutzt hat.

Langsam nahm das Leben in Hannover geregelte Formen an, wenn da nicht die große Sorge gewesen wäre: Was ist mit Will, meinem ältesten Bruder, der in russische Kriegsgefangenschaft geraten war? Jeden Abend versammelte sich die Familie um halb zehn im Wohnzimmer vor dem Radio. Denn die Namen der Spätheimkehrer, die man erwartete, wurden im Radio verlesen, bevor die Kriegsgefangenen selbst in der Lage waren, sich zu melden und zu sagen: »Ich komme jetzt!« So haben wir dann immer gewartet. Bei »E« wie Eggebert haben wir gesagt: »Ach, na ja, der heißt ja auch nicht Eggebert, er heißt ja Seelmann-Eggebert.« Dann haben wir gewartet, bis das »S« an der Reihe war. Ich weiß nicht, hundertfach, wahrscheinlich tausendfach waren wir enttäuscht, dass er wieder nicht dabei war. Das ging über beinahe zehn Jahre so. Natürlich hat es mich geprägt, wenn die wichtigste Nachricht des Tages war: »Er ist wieder nicht dabei!« Und er war es eben über 3000 Tage nicht.

Als einer vom Jahrgang 1937 bin ich zu jung gewesen, den Krieg in allen seinen abscheulichen Erscheinungsformen zu begreifen. Aber ich bin alt genug gewesen, immer wieder seine zerstörerische Wirkung zu spüren. Ich glaube, dass mir die Beobachtung, was Menschen anderen Menschen zufügen können, eine gewisse Ernsthaftigkeit verliehen hat. Vielleicht hat sie auch meine Berufswahl beeinflusst, ohne dass ich das damals gespürt hätte. Mir fehlen heute Männer wie Theodor Heuss, Willy Brandt, Konrad Adenauer, Carlo Schmid, die mit ihren großen Reden im Bundestag Horizonte eröffneten, die auf den persönlichen Erfahrungen der Kriegsgeneration beruhten. »Nie wieder Krieg!« war das alles verbindende Motto dieser Generation, leidenschaftlich verteidigt gegen jedes Säbelrasseln.

Heute trauen sich Milchgesichter, von einem Dritten Weltkrieg zu faseln, als ob der sich auf einem anderen Planeten abspielen würde. Nein, ihr Leute, der wird sich auch wieder vor unserer eigenen Haustür abspielen und sehr wahrscheinlich das Ende aller Kriege bedeuten. Nicht, weil wir so grässlich stark sind, sondern weil die Waffenarsenale weltweit so gut sortiert sind, dass es kein Entrinnen geben wird.

Der Traum vom Auslandskorrespondenten

Das allabendliche Radiohören hatte nicht nur eine niederschmetternde Wirkung. Ich gehörte zu den begeisterten Zuhörern, insbesondere des Nordwestdeutschen Rundfunks NWDR. Das war die Welle, die das Leben in der britischen Besatzungszone und das Leben in der großen weiten Welt widerspiegelte. Da lernte ich im Lauf der frühen Jahre der Bundesrepublik eine Gattung von Journalisten kennen, die mich sofort ansprach. Das waren die Auslandskorrespondenten, die ich damals verehren lernte. Sie spielten in den Jahren direkt nach dem Krieg eine große Rolle, waren sie doch diejenigen, die deutsche Hörer über Zustände in anderen Ländern unterrichteten, von denen wir in Deutschland so gut wie keine Ahnung mehr hatten. Denn man darf nicht vergessen, in den Jahren des Nationalsozialismus waren wir abgeschnitten von Informationen objektiver Art, und es bestand ein großer Nachholbedarf. Um den kümmerten sich die Auslandskorrespondenten. Sie erzählten vom Alltag der Länder, in denen sie lebten, aber auch von der großen Politik. Natürlich war der Ost-West-Konflikt ein wichtiges Thema, ein anderes der Ruf nach Unabhängigkeit, der damals in den alten Kolonien der Briten, Franzosen, Belgier und Portugiesen immer lauter wurde. Es gab noch lange kein Fernsehen, wir hatten keine Bilder vor Augen, wir hörten einfach nur, was jemand da erzählte. So habe ich den Radiokorrespondenten der ersten Stunde, die damals eine Rolle spielten, am Lautsprecher immer sehr genau zugehört. Ich wusste, jetzt sitzt er im Studio in London, jetzt steht er in Kairo auf der Straße, jetzt ist er ganz dicht an der Front des Koreakriegs.

Da gab es in erster Linie natürlich Peter von Zahn. Er war Offizier gewesen und dann in Hamburg und Köln beim NWDR als Kommentator tätig, bevor er als Amerika-Korrespondent nach Washington ging. Wie er über die Staaten berichtete, war legendär in der ganzen Bundesrepublik. Überall in Deutschland hörte man ihm gerne zu. Er hatte eine bestimmte Art zu sprechen, dass man sagte: »Was ist das für ein komischer Akzent?« Aber man gewöhnte sich daran. Das war der »Peter-von-Zahn-Akzent«, eine besondere Art der Atemlosigkeit. Viele seiner Berichte sind dann später auch als Bücher erschienen. Für mich ist er der Auslandskorrespondent schlechthin gewesen.

Etliche bedeutende Journalisten sind irgendwann in ihrem Leben einmal Auslandskorrespondenten gewesen. Meine Vorbilder waren die Männer der ersten Stunde nach 1945: Neben Peter von Zahn in Washington Ernst Adam in London, Ernst Weisenfeld in Paris, Hans von Hülsen in Rom. Außerdem Karl Gehnich in Stockholm oder Elef Sossidi in Kairo. Alle diese Korrespondenten haben gemeinsam mit ihren Nachfolgern jahrzehntelang unser Verständnis von anderen Teilen der Welt entscheidend mitbestimmt.

Über Elef Sossidi gibt es eine hübsche Geschichte zu erzählen. Bei der Suezkrise 1956 warteten die Redaktionen in Deutschland auf Exklusivberichte ihres Korrespondenten in Kairo. Aber der meldete sich nicht, bis dann endlich ein Telegramm von ihm aus Athen eintraf. »Macht euch keine Sorgen! Bin in Griechenland!« Griechenland gehörte auch zu seinem Berichtsgebiet. Im entscheidenden Augenblick gerade ganz woanders zu sein, als es die Aktualität verlangt hätte, ist ein Risiko, das damals zum Korrespondentenalltag gehörte. Heute, im Zeitalter des Internets, der Handys, der allgegenwärtigen Nachrichtenagenturen, kann eine Redaktion ihren Korrespondenten binnen Minuten aktivieren. Eine Panne, wie Sossidi sie erlebte, ist heute kaum mehr vorstellbar.

Meine eigenen ersten kreativen Gehversuche gingen zunächst allerdings in eine andere Richtung. Als ich in der sechsten Klasse war, kam die Idee auf, wir müssten eine Klassenzeitung haben, und es wurde nach einem Namen gesucht, im humanistischen Gymnasium kein Problem: Natürlich hieß diese Klassenzeitung *Nuntius*, »Der Bote«. Chefredakteur war ein Klassenkamerad von mir. Man schrieb auf eine Wachsblattschablone, die konnte man vielleicht vierzig- bis fünfzigmal durch eine Vervielfältigungsmaschine ziehen. Ich war zu der Zeit insofern auf Abwege geraten, als ich nun nicht mehr das las, was von zu Hause und der Schule empfohlen wurde, sondern Karl Mays gesammelte Werke, Krimis und Wildwestromane. Die verschlang ich bei Tag und bei Nacht. Mein ganzes Taschengeld ging dafür drauf. Und dann versuchte ich mich selbst als Autor. Ich entwarf einen Krimi für die Schülerzeitung: *Ein Fall der Texas Polizei.* Das war ein schlichter Abklatsch von dem, was ich mir täglich zu Gemüte führte. Nur wollte ich es selbst schreiben. Warum ich das wollte, weiß ich gar nicht so genau. Vielleicht dachte ich, das könnte eine gute Einkommensquelle werden. Musik machte ich schon. Sportlich hatte ich vieles ausprobiert: Tennis, Rudern, Reiten. Aber das interessierte mich nicht so sehr. Es waren wohl einfach noch Kapazitäten frei.

Mein Chefredakteur, der in der Klasse mein Sitznachbar war, musste mich ständig ermahnen: »Du, morgen erscheint das Blatt. Was du heute nicht geschrieben hast, ist morgen nicht zu lesen.« Also habe ich unter der Tischplatte den ganzen Unterrichtstag lang versucht, meine Fortsetzung zu schreiben. Ich habe sie ihm dann nach der letzten Stunde gegeben, er war so nett, sie persönlich in die Maschine zu hauen. Am nächsten Tag war der *Nuntius* auf dem Markt.

Der folgende Text hatte Premiere am 16. März 1950, da war ich dreizehn:

»Hallo, Mr. Whiler, melden Sie mich sofort dem Bundesdetektiv! Schnell, es eilt.« – »Jawohl, wird gemacht«, sagte der Polizeibeamte und eilte in das Büro des Hauptmanns der State Rangers. Dieser war von mittlerer Größe, aber breit und stark gebaut. Er trug die gewöhnliche Cowboykleidung und den breiten Coltgürtel, der dicht mit Patronen gefüllt war. Als der Beamte jetzt eintrat, fuhr er zusammen und fragte kurz: »Was gibt's?« – »Don de Brassy möchte Sie schnell sprechen, Herr Hauptmann.« – »Lassen Sie ihn hereinkommen!« Kurz darauf betrat der Mexikaner das Office. »Lassen Sie sich hier auf der Station auch mal wieder blicken, Senor?« – »Yes, Mr. Hay. Und zwar wegen einer sehr wichtigen Angelegenheit. Hören Sie zu! Gestern Abend wurden zwei meiner Cowboys erschossen aufgefunden. Ich hatte 500 Stück Zuchtvieh verkauft und gab den Erlös von 20 000 Dollar den beiden mit. Sie wollten das Geld zur Bank nach Austin bringen. Mein Geld ist weg, und das bedeutet für mich einen ganz schönen Verlust.

Leider weiß niemand, wie die Story zu Ende ging. Denn nach einem halben Jahr stellte der *Nuntius* sein Erscheinen ein – trotz der »Texas Polizei«, die ihn eigentlich zum Bestseller machen sollte.

Aber das Schreiben hatte mir Spaß gemacht. Am 16. Juli 1953 notierte ich – mit einigem Selbstbewusstsein – in einem Geburtstagsbrief an meinen Vater:

> *Hoffentlich bleibst Du uns – weiter so rüstig wie heute – noch recht lange als Familienvater erhalten. Was ein Sohn seinem Vater an seinem Ehrentag alles wünscht, weißt Du selbst, es braucht nicht in Worten ausgedrückt zu werden.*
>
> *Meinen Artikel habe ich leider zurückbekommen, obwohl er, glaube ich, ganz gut war – macht nichts, ich schreibe weiter.*

Keine Ahnung, worüber ich damals geschrieben habe und für wen. Ich schreckte jedenfalls vor keiner Herausforderung zurück. Im selben Sommer machten wir – dank unseres Klassenlehrers Derk de Haan – eine fünfwöchige Klassenreise nach Griechenland. Ich war sechzehn. Als wir aus Griechenland zurückkamen, sorgte jemand dafür, dass über diese Reise im Radio berichtet wurde. Da waren drei oder vier Leute aus der Klasse ausersehen, zusammen mit dem Klassenlehrer für die »Funkbilder aus Niedersachsen« etwas zu erzählen. Ich war dabei und habe da zum ersten Mal Erfahrung mit dem Hörfunk gemacht. Ich fand das alles so aufregend, dass ich danach mit einiger Geduld, aber mit Erfolg meinen Vater überredete, sich – was damals ganz neu war – ein Magnetophon zuzulegen. Er sollte diesen Aufzeichnungsapparat als Diktiergerät verwenden. Man konnte damit aber auch etwas ganz anderes machen, was mich viel mehr interessierte: Interviews führen und auf Tonband konservieren, vom Band Musik abspielen. Meinem armen Vater war dieses massive Gerät natürlich viel zu schwer, um es zu transportieren, und viel zu kompliziert, um es zu bedienen, sodass ich es dann war, der in den nächsten Jahren mit einem relativ großen Kasten von bestimmt zwölf Kilo Gewicht hinten auf dem Fahrradgepäckträger durch Hannover fuhr. Da habe ich Gott und die Welt interviewt und Themen gesucht, die sich vielleicht an den Hörfunk verkaufen ließen.

Entscheidend war dann, dass ein Redakteur, der damals für das Zeitgeschehen in Hannover zuständig war, Hans-Joachim Werbke, sich meiner erbarmte, nachdem er mir den Gefallen getan hatte, ein paar von meinen Interviews anzuhören. Er gab mir meinen ersten Auftrag. Wenn ich mich richtig erinnere hieß der: »Sechzehnjähriger über Verkehrsprobleme«. Es ging darum, dass Sechzehnjährige einen Fahrradführerschein machen konnten und auf diese Art und Weise etwas besser vorbereitet in den Verkehrsalltag gingen. Für das zweieinhalb oder drei Minuten lange Stück habe ich damals 25 D-Mark bekommen. Aus dem Sechzehnjährigen wurde dann »Argus«, der die Welt mit Argusaugen betrachtete, etwas frecher, etwas fröhlicher als seine erwachsenen Co-Autoren in den »Funkbildern aus Niedersachsen«. Argus, das bedeutete eine neue junge Stimme im Programm, das bedeutete jüngere Themen und größere Experimentierfreudigkeit.

Gleichzeitig schrieb ich für die drei hannoverschen Zeitungen, die es damals gab: die *Hannoversche Allgemeine*, die *Hannoversche Presse* und die *Norddeutsche Zeitung*. Wenn zum Beispiel Schüleraufführungen stattfanden, habe ich sie immer in allen drei Zeitungen besprochen. Ich musste natürlich drei verschiedene Artikel schreiben. Aber irgendwann fiel es einem Redakteur doch auf, dass es gewisse Übereinstimmungen gab. Er hat dann aus meinem schönen Namen ein Pseudonym zusammengerührt: »F. Debeg«. Das fand er schön, und ich habe fortan als F. Debeg in der einen Zeitung veröffentlicht, in den anderen mit Kürzel oder dem ganzen Namen.

Ich hatte also gut zu tun, weil ich jedes Ereignis gleich dreimal zu formulieren hatte. Dann musste das Ganze gelegentlich auch noch für den Hörfunk aufbereitet werden. Später kam das Fernsehen dazu. Sicher habe ich damals keine literarischen Meisterwerke angefertigt. Aber ich hatte zumindest ein gewisses Talent für die Vermarktung meiner Produkte entwickelt und konnte so mein Taschengeld aufbessern. Ich war bestimmt keine »Edelfeder«, aber dass alle drei Lokalzeitungen damals meine Artikel druckten, machte mich schon ein bisschen stolz. Zudem: Die alten Hasen in den Redaktionsstuben waren sich nicht zu fein, sich Zeit zu nehmen für den Lehrling und ihm den einen oder anderen Trick des Gewerbes beizubringen.

Bald wurde in der Familie Seelmann ein kleiner Volkswagen angeschafft. Dafür hatte ich gesorgt. Die meisten Klassenkameraden waren zwei, drei Jahre älter als ich und durften schon mit achtzehn ihren Führerschein machen, während ich noch zu jung war. Ich erwirkte jedoch eine Ausnahmegenehmigung, nachdem meinem Vater bedeutet worden war, dass er wegen seines Beinleidens nicht mehr selbst ans Steuer sollte. So erhielt ich meinen lang ersehnten Führerschein. Da stand drauf: »Darf nur bis zum 18. Lebensjahr in Begleitung einer erwachsenen Person mit Führerschein fahren.« Ich habe den

Führerschein immer noch, habe ihn nie eingetauscht und freue mich diebisch über die missverständliche Formulierung.

Dann kam das Jahr 1955, in dem durch die Politik Konrad Adenauers auch für meine Eltern der Krieg endlich zu Ende ging.

Wir alle hatten von Tag zu Tag, von Woche zu Woche ersehnt, dass mein Bruder Will endlich nach Hause kommen würde. Aber statt der erhofften Amnestie erklärte die Sowjetunion im Mai 1950, die Repatriierung der deutschen Kriegsgefangenen sei abgeschlossen. Bei den verbleibenden 9717 Gefangenen handele es sich um Kriegsverbrecher. Sie wurden zu fünfundzwanzig Jahren Lagerhaft verurteilt. Das war ein schrecklicher Schicksalsschlag. Gefangene, die sich auf eine baldige Entlassung gefreut hatten, verfielen in Hoffnungslosigkeit und nahmen sich das Leben. Viele Frauen wurden von ihren eingesperrten Männern ermutigt, nicht länger auf die Rückkehr zu warten und eine neue Bindung einzugehen. Doch dank der Reise von Konrad Adenauer wendete sich das Blatt. Der Bundeskanzler stattete der Sowjetunion 1955 einen Staatsbesuch ab. Dabei erhielt er die Zusicherung, dass die letzten deutschen Kriegsgefangenen entlassen werden würden. Ein großer diplomatischer Erfolg für die Beziehungen beider Länder, ein großer persönlicher Erfolg für den Kanzler, ein unbeschreibliches Glücksgefühl für die Heimkehrer und ihre Familien.

Will wurde nun zu seiner und unserer übergroßen Freude endlich freigelassen. Er meldete sich, bevor er in Friedland bei Göttingen eintraf, per Telegramm: »Ich komme!« Mein Bruder Helmut fuhr sofort mit Wills Ehefrau im Wagen los. Von dem Wiedersehen ist überliefert, dass sie nach ersten Küssen und Umarmungen anfingen, sich mit Freunden und Schicksalsgefährten zu unterhalten. Einer ging auf Wills Frau zu und bot ihr eine Zigarette an, und Will sagte: »Danke, meine Frau raucht nicht!« Zehn Jahre hatten sie sich nicht gesehen, und er war sich ganz sicher: Meine Frau raucht nicht! Sie rauchte tatsächlich nicht.

Will ist in den zehn Jahren russischer Kriegsgefangenschaft in zig unterschiedlichen Gefangenenlagern gewesen. Er ist gequält und gefoltert worden. Er hat schwere Arbeit verrichten müssen. Er hat oft dem Tod ins Auge gesehen. Er hat sich einen Teil seiner Fingerkuppe abgeschnitten, um einen Grund zu haben für eine frühzeitige Entlassung, die aber nicht erfolgte. Ab und zu waren eng beschriebene Karten von ihm gekommen. Das waren Karten im DIN A5- oder DIN A6-Format, Postkarten eigentlich, die auf einer Seite den Aufdruck »Rotes Kreuz« hatten und auf der anderen Seite beschrieben werden durften. Da habe ich gesehen, was alles auf eine Postkarte passt, weil wirklich jeder Quadratmillimeter ausgenutzt war. Die Karten wurden von den Russen natürlich auch gegengelesen, und ich kann mir vorstellen, dass manche Post einfach in den nächsten Mülleimer wanderte, weil es den Kontrolleuren zu mühselig war, so eine Handschrift zu entziffern.

Ursprünglich hatte Will Medizin studieren wollen. Aber durch die Gefangenschaft waren ihm zehn wertvolle Jahre verloren gegangen. Er wollte nicht weitere Jahre auf irgendwelchen Schulbänken zubringen. Er wollte eine Familie haben, sein eigenes Geld verdienen, nicht täglich daran erinnert werden, was er in der Gefangenschaft durchgemacht hatte. Nach einem Jahr des Umhörens und Umsehens entschloss er sich, in die junge Bundeswehr einzutreten und wieder Soldat zu werden. Im Unterschied zu vielen seiner Kameraden, die mit der wiedergewonnenen Freiheit nicht so recht fertigwurden, gelang ihm die Integration in die neue Gesellschaft bewundernswert schnell. Will und seiner Frau wurde eine Tochter geschenkt. Er machte Karriere und wurde als Oberstleutnant pensioniert.

1955 unternahm unser Klassenlehrer wieder eine große Reise mit uns. Diesmal ging es nach Italien. Die Italienreise hat dazu geführt, dass ich mein erstes Feature geschrieben habe, dreißig Minuten für den Hörfunk. Der Text wurde mit verteilten Rollen gesprochen. Die mir vertrautere Form war die Magazinsendung. Die aber ist einem Feature sehr ähnlich. Der Unterschied besteht darin, dass das Feature eher monothematisch gebaut ist, während der Reiz des Magazins auf seiner bunten Themenvielfalt beruht. »Mark Aurel bleibt unvergoldet« hieß das Werk. Es bezog sich auf ein Reiterstandbild des römischen Kaisers Mark Aurel, das in Rom vor dem Senatorenpalast auf dem Kapitol steht, Ross und Reiter überzogen von der Patina der Zeit. Wenn eines Tages die alte Vergoldung wiedererscheint, weiß die Sage zu berichten, wird eine Eule das Ende der Welt verkünden. Offenbar war ich damals optimistisch genug, anzunehmen, dass mit einem Weltuntergang in absehbarer Zeit nicht zu rechnen sei. Sonst hätte ich sicher einen anderen Titel gewählt. Diese eher optimistische Grundhaltung hat mich fast durchs ganze Leben begleitet.

Eine andere Reise sollte sich noch als viel prägender erweisen. Meine Eltern, die beide vor dem Ersten Weltkrieg eine Zeit in England verbracht hatten, waren darauf bedacht, dass ich mein Englisch aufpoliere, und beschafften mir über Bekannte einen Brieffreund: David Jeffery. Im Sommer 1955 sollte ich ihn vier Wochen lang besuchen. Der Vater der Familie wollte mich am Bahnhof abholen. Er hatte gesagt, er würde einen grauen Anzug tragen und eine *Times* unter dem Arm halten. Ich kam an – etwas übermüdet – und dachte: Um Gottes willen, so viel fremde Sprache um mich herum, so viele fremde Leute. Ich stieg aus, und alle schienen einen grauen Anzug anzuhaben und eine *London Times* bei sich zu tragen. Bis mir einer ins Auge fiel. Ich ging auf ihn zu, und er sagte irgendetwas wie: »You must be Rolf!?« Und ich antwortete: »Then you must be Mr Jeffery.«

Es wurde ein wunderbarer englischer Sommer. Ich kann mich an keinen einzigen Regentag erinnern. Ich war mit U-Bahn-Anschluss am Rande Londons untergebracht, in einem Haus mit einem wunderbaren Rosengarten, und habe zum ersten Mal Federball gespielt. Morgens bin ich von Mr Jeffery mit Tee begrüßt worden, den er ans Bett brachte. Er und seine Frau waren Lehrer, und dass ich so viel von ihnen weiß, hängt damit zusammen, dass ich, unmittelbar bevor ich als »Penfriend« nach London ging, die Nachricht erhielt, dass mein Brieffreund David sich unsterblich verliebt hatte. Und nun kam ausgerechnet zu diesem Zeitpunkt der deutsche Schreibfreund an, für den er eigentlich so gar keine Zeit mehr hatte. Die Eltern sahen das Problem und schalteten sich gleich ein. Sie übernahmen die Rolle von ihrem Sohn weitgehend – obwohl ich noch oft genug mit David und auch mit seiner Freundin unterwegs war, die er später heiratete. Aber unsere Freundschaft stand zuerst einmal unter einem merkwürdigen Stern. Unterm Strich blieb übrig ein Großbritannienbild, das mit den üblichen Vorurteilen wenig zu tun hatte. Ich fand, die Engländer sind wunderbare Leute. Der Braten, den man am Sonntag anfängt und die ganze Woche weiterisst, schmeckt hervorragend. Insbesondere Custard, die leuchtend gelbe englische Vanillesauce, war etwas Wunderbares. Ich bekam einen Blick für englische Gärten, liebte den Tee und empfand den *Daily Telegraph* als eine Zeitung, mit der ich mich gerne identifizierte. Man konnte (und kann) in London tausenderlei Dinge unternehmen. Wir sind im Freilichttheater im Regent's Park gewesen und in der Royal Festival Hall, die 1950 am Themseufer errichtet worden war. Am Ende des Urlaubs, als wir uns alle gegenseitig ins Herz geschlossen hatten, bekam ich ein Buch geschenkt: *The Knapsack*. Das ist – wie ich dann später lernte – ein Werk gewesen, das englische Soldaten mit an die Front nahmen, um englische Literatur in Auszügen zu lesen. Jeder in der Familie hatte unterschrieben, inklusive »Patch Marks«. Jefferys hatten damals so einen kleinen schwarz-weißen Allerweltshund, Patch, der hatte seinen Pfotenabdruck auch draufgesetzt. Das alles war sehr liebenswert.

Sollte ich irgendwann einmal ins Exil gehen müssen, beschloss ich: »Mein Gott, England, das ist mein Land.« Von dem ich in den vier Wochen natürlich auch mehr gesehen habe als ich von Griechenland oder Italien bis heute erfahren habe. Weil ich mich in der Sprache verständlich machen konnte, weil ich alles lesen konnte, ich dort fernsehen konnte. Ich habe bei der Gelegenheit sicher auch, wie von den Eltern erhofft, mein Englisch aufpoliert.

Dieser erste Aufenthalt hat meine Liebe zum Vereinigten Königreich entfacht. Ich kaufte irgendwann sogar eine Postkarte von Charles und Anne, die damals noch klein waren, um sie den Kindern meines Redakteurs in Hannover zu schicken. Ich hatte die Königsfamilie also schon früh im Blick.

1956 machte ich mein Abitur und wollte – frisch entflammt für die Briten – einen Studienaufenthalt in England einlegen. Das war auch kein großes Problem, weil Hannover eine Partnerstadt von Bristol war. Ich bewarb mich bei der dortigen Universität und bekam einen Studienplatz für ein Jahr. Aber das akademische Jahr begann erst im Oktober, sodass ich zwischen dem Abitur an Ostern und dem Studienbeginn ein halbes Jahr hatte, das ich als Volontär im hannoverschen Funkhaus des Norddeutschen Rundfunks verbrachte. Von einer strukturierten Volontärsausbildung konnte man damals noch nicht sprechen. Es war eher eine von Fall-zu-Fall-Entscheidung, ob man das Glück hatte, zu einem Gespräch empfangen zu werden.

Ich bekam eine sogenannte Erziehungsbeihilfe in Höhe von 150 D-Mark pro Monat. Dafür habe ich dann in fast allen Redaktionen des Hauses gearbeitet. Bald sprach sich nämlich herum, dass da einer war, der die Arbeit von anderen übernehmen konnte. Und viele nahmen Urlaub, einer nach dem anderen, weil sie sagten: »Da ist ja der Rolf, der kann meine Vertretung übernehmen.« Der »Argus«, sagten sie damals. Und was sagte Redakteur Hajo Werbke zu mir? »Seelchen Pfirsichblüte«. Über diesen Spitznamen habe ich mich natürlich geärgert. Aber als Küken im Team lernt man schnell, das eine oder andere wegstecken zu müssen.

Auf diese Art habe ich jedenfalls die »Funkbilder aus Niedersachsen« als Redakteur und als Reporter kennengelernt. Dann habe ich im »Landfunk«, im »Kirchenfunk« und beim »Kulturellen Wort« volontiert, letztlich bei allem, was sich in Hannover so anbot. Das war jedoch nicht unbedingt alles, was zu einer Rundfunkanstalt gehört. Denn Hannover war nur der Ableger von Hamburg und zuständig für Niedersachsen. Aber immerhin, ich habe Livesendungen kennengelernt und Interviews mit wichtigen Persönlichkeiten machen müssen. Dazu gehörte auch der Ministerpräsident von Niedersachsen. Das war für einen Neunzehnjährigen schon eine Herausforderung.

Die Redakteure kannten da aber kein Erbarmen: Wenn der Ministerpräsident von Niedersachsen interviewt werden musste, dann musste er eben interviewt werden. Wenn kein anderer zur Verfügung stand, eben auch von einem Teenager-Reporter. Und es blieb nicht bei Hinrich Wilhelm Kopf. In den Jahren zwischen meinem Abitur 1956 und unserer Abreise nach Afrika 1968 habe ich auch alle folgenden niedersächsischen Ministerpräsidenten dieser Periode interviewt: Heinrich Hellwege und Georg Diederichs. Man war an den Regierungschefs und Politikern ganz allgemein viel näher dran, weil es damals so gut wie keinen Personenschutz gab. Und man wurde viel eher mal ins Vertrauen gezogen, weil man sich gegenseitig besser kannte.

Mich fragen immer noch viele Kollegen: »Wie hast du denn das in so jungen Jahren hingekriegt?« Ich glaube, mit sehr viel Bemühen um richtiges Verhalten. Das hatte ich im Elternhaus gelernt: Bescheiden im Auftreten, bestimmt in der Sache, freundlich im Ton. Darüber hinaus gab mir auch die Tatsache, dass ich im Auftrag der wichtigen Institution NDR – 1955/1956 wurde der NWDR aufgelöst, stattdessen schuf man die beiden Rundfunkanstalten NDR und WDR – unterwegs war, ein gewisses Selbstbewusstsein.

Wir sind damals in der Regel mit großen Übertragungswagen losgefahren. Das typische Auto war der Opel Blitz. Dieser große, kastenförmige Wagen hatte einen Fahrersitz und Plätze für zwei Passagiere vorne sowie hinten einen Aufbau für die Technik. Man konnte mit einem Opel Blitz auch Live-Sendungen fahren, es gehörten noch ein Toningenieur und der Reporter dazu. Das war das Dreierteam, das auf die Reise ging. Ich erinnere mich daran, dass Telefongespräche nur im äußersten Notfall aufgenommen und gesendet wurden, weil die Qualität der Telefone noch durchaus fragwürdig war. Zugunsten der technischen Qualität nahm man im Flächenland Niedersachsen lange Autofahrten in Kauf. Später wurden Aufnahmegeräte im Aktentaschenformat entwickelt, die jeder Reporter eigenhändig bedienen konnte. Kein Fahrer mehr, kein Toningenieur – die Rationalisierung feierte zweifelhafte Triumphe. Heute kann jedermann ausgezeichnete Tonaufnahmen mit seinem Handy machen. Die Technik ist mittlerweile so weit fortgeschritten, dass man bei aktuellen Anlässen oft nur noch einen Reporter oder einen Kameramann, eine Reporterin oder eine Kamerafrau auf die Reise schickt.

Radio war Mitte/Ende der Fünfzigerjahre noch das absolute Leitmedium. Wenn wir zu einer größeren Rundfunkübertragung in ein Dorf fuhren, konnte man erleben, dass am Ortsschild der Schützenverein stand und zur Begrüßung nicht nur einen Trunk servierte, sondern auch einen Marsch blies, weil sie eine schöne Blaskapelle hatten. Wir fühlten uns sehr geehrt, machten dann unsere Sendung und waren in dem Dorf oder in der kleinen Stadt hochwillkommen. Das waren meist Liveübertragungen zu Schützenfesten oder zur Krönung der Heidekönigin oder was eben ein Land wie Niedersachsen hergibt: Celler Hengstparade, Sommerliche Musiktage Hitzacker, Schützenfest in Hannover.

Später änderte sich das insofern, als das Fernsehen das Leitmedium wurde. Fortan kam leider keiner mehr an, um uns Hörfunkleute zu begrüßen. Die Fernsehkollegen hatten ein eigenes Auftreten, trugen dicke Kreppsohlen, hatten immer große Schals um den Hals gewickelt, verabscheuten Schlipse und hielten sich für ungeheuer wichtig.

Fast alle Reporter, die damals in Hannover für den NDR Sendungen machten, waren freie Mitarbeiter. Das heißt, sie waren ganz von der Gunst und Missgunst ihrer Auftraggeber, der Redaktionen, abhängig. Wenn sie uns mal vergaßen, hatten wir einen hübschen Brauch eingeführt. Wir holten aus der Kantine vier oder fünf Gläser Bommerlunder mit Pflaume und stellten sie mit einem schriftlichen Gruß auf die Redaktionsschreibtische, nach dem Motto: »Prost auf eure Gesundheit und denkt bitte auch an die unsrige.« Meist erfolgte die erwünschte Auftragsvergabe dann postwendend. Denn unter uns herrschte ein freundlich-kollegialer Umgangston, und der Programmkuchen war groß genug, um niemanden verhungern zu lassen. Hatte man den Schnitt seines Beitrags erledigt, blieb man oft noch im Funkhaus, um eine Runde Mau-Mau zu spielen. Und mit einer Runde war es meist nicht getan.

Für meine Eltern und für mich war es klar, dass ich studieren würde. Mein Vater war Jurist. Es sprach also einiges dafür, dass ich in seine Fußstapfen treten würde. Und so ging ich nach dem Volontariat – wie geplant – nach Bristol, wo sich mein zweiter Englandaufenthalt abspielte. Ich hatte eine Studentenbude in Churchill Hall, einer Art College. Es gab nette englische Kommilitonen, die allesamt in diesem College untergebracht waren. Ich erinnere mich, dass ich den Teerekord des Hauses aufgestellt habe: zweiundvierzig Tassen im Lauf eines Tages! Der Tag hat dann aber auch ziemlich lange gedauert. Ich denke, vor drei Uhr morgens waren wir nicht im Bett. Anlass: ein Studentenspaß, einer von vielen.

Ehrlich gesagt, in Bristol habe ich eher ein bisschen herumstudiert: International Law, Geschichte und Englisch. Aber im Grunde habe ich die Zeit dazu verwendet, Radio zu machen. Ich hatte ein kleines Tonbandgerät mitgenommen, und ich überlegte mir: Es gibt doch diese »Twin Towns«, die Partnerstädte zwischen Niedersachsen und dem Südwesten Englands. Es müsste doch für die »Funkbilder« aus Niedersachsen interessant sein, mal zu hören, wie es sich leben lässt in Exeter oder in Bath oder in Bristol. Also machte ich mich in meinem ersten Trimester auf die Reise und besuchte diese Städte. Am Morgen fuhr ich mit dem Zug hin und am Abend wieder zurück. Den Göttingern erzählte ich, wie ihre Partnerstadt Cheltenham aussieht, und den Leuten in Wolfsburg, wie es sich in Luton leben lässt. Zehn bis zwölf Städte habe ich auf diese Art und Weise bereist. Ich versuchte, den jeweiligen Bürgermeister zu interviewen, Passanten vor das Mikrofon zu bekommen und mit Schülern zu sprechen. Zwanzig bis fünfundzwanzig Minuten lang waren die Beiträge. Die habe ich dann nach Hannover geschickt, dort wurden sie zusammengebaut.

Das funktionierte alles gut. Was nicht funktionierte, war der Studienaufenthalt in dem Land, das mein Herz erobert hatte. Ich hatte irgendwie den Eindruck, mehr auf den eigenen Beinen stehen zu müssen, als ich mir das vorgestellt hatte. »Freiheit total – wie willst du das denn eigentlich drei Trimester lang aushalten?« Und ich glaube, als ich Weihnachten nach Hause fuhr, hatte ich innerlich den Beschluss gefasst, bloß schön spät wieder nach Bristol zurückzukehren, um in Hannover noch ordentlich für den Hörfunk arbeiten zu können. Der Plan ging noch weiter: Auch im zweiten Trimester wollte ich in Bristol viel Radio machen und das dritte Trimester möglichst schon wieder auf deutschem Boden verbringen. Tatsächlich hielt ich es nur zwei Trimester auf englischem Boden aus.

Wenn ich mir heute, sechzig Jahre später, darüber Gedanken mache, weshalb ich Bristol so schnell wieder den Rücken gekehrt habe, so gibt es nur eine einleuchtende Erklärung: Ich hatte Heimweh. Heimweh nach der Familie und meinen Freunden, Heimweh nach den Kollegen im hannoverschen Funkhaus, Heimweh nach der Arbeit. Aber unter journalistischer Perspektive hatte ich in den zwei Trimestern eine Menge dazugelernt. Ich wurde sogar vom Jugendfunk beim NDR in Hamburg angesprochen, ob ich für eine neue Sendung etwas über Naturwissenschaft machen wollte. Mein erster Beitrag in der Reihe hieß »Calder Hall – Atomstrom aus der Steckdose«. Calder Hall war ein Atomkraftwerk in Nordwestengland, an der Irischen See.

Der Ernst des Lebens sollte dann in München beginnen, mit einem »richtigen« Jurastudium. Für jemanden wie mich, der entscheidende Jahre seines Lebens in Hannover verbracht hatte, war München eine Traumstadt: eine bunte Kulisse, Berge, Seen und Salzburg vor der Haustür. Was vielleicht auch verhinderte, mich intensiver mit dem Recht zu beschäftigen. Ich hörte lieber Vorlesungen in Soziologie und wählte die Gesellschaftswissenschaften später auch zu meinem Hauptfach. Aus dem Traum meines Vaters, in seine Fußstapfen zu treten, wurde also nichts. Mein Bruder Helmut hat mir diese Bürde dann aber abgenommen, er studierte Jura und wurde später Anwalt.

Das Jahr 1957 bescherte Deutschland einen Traumsommer – tagein, tagaus Sonnenschein. In München traf ich binnen Kurzem einen ehemaligen Klassenkameraden, der ebenfalls in der Stadt studierte und einen Motorroller besaß. Damit war es dann um mein Studium wieder einmal geschehen. Wir sagten uns, besser als im Hörsaal zu schwitzen ist es doch, zu den wunderbaren bayrischen Seen zu fahren und die Königsschlösser zu besuchen. So waren wir fast jeden Tag unterwegs und guckten uns das schöne Bayernland an.

Sofort habe ich auch wieder angefangen, journalistisch zu arbeiten. Denn München war schon damals eine Filmstadt. Viele Filmschauspieler lebten rings um den Starnberger See. Hans Albers war Nachbar von weitläufiger Verwandtschaft von mir, die in Tutzing zu Hause war. An den Wochenenden konnte man ihn erleben, wie er mit seinem Motorboot in gemessenem Tempo in Ufernähe den See entlangfuhr und jovial nach rechts und links grüßte. Man nannte ihn deshalb auch den »König vom Starnberger See«. Und in Starnberg selbst lebte Marianne Koch, die damals noch ihr Medizinstudium zu Ende machte, aber bereits als Schauspielerin bekannt war. Sie hatte eine typische Doppelbegabung: Ärztin und Schauspielerin. Außerdem war sie eine natürliche, herzliche junge Frau. Wir haben damals über die Frage geredet, ob sich beides miteinander verbinden ließe, die Medizin und die Schauspielerei. Sie ist ja dann tatsächlich jahrzehntelang so etwas wie die Fernsehärztin der Nation gewesen. Wir tranken damals Kaffee in ihrem Garten. Sie ließ mich an keiner Stelle spüren, dass hier eine damals schon sehr populäre Fernsehpersönlichkeit mit einem journalistischen Nobody redete. Natürlich hatte ich eine Art von Lampenfieber gespürt, als ich ihren Klingelknopf drückte. Aber das verflog dann sehr schnell.

Auch meine ersten Erfahrungen mit dem Spielfilm habe ich damals gemacht. *Nachts, wenn der Teufel kam* mit Mario Adorf als angeblicher Serienmörder und Hilfsarbeiter aus der Nazizeit, Bruno Lüdke, wurde am Münchner Ostbahnhof gedreht. Und ich war dabei mit meinem Tonbandgerät und habe diese düstere Atmosphäre festgehalten. Gesendet wurden die Beiträge überwiegend in einer von Heinrich Koch moderierten Nachtsendung des NDR Hannover.

Nachdem ich in München das erste Semester total verbummelt hatte, sagte ich mir: »Wenn du dein Studium zu Ende machen willst, musst du jetzt an eine ›Arbeitsuniversität‹ wechseln. Da wirst du dann schon binnen Kurzem sesshaft werden und vielleicht doch noch brav deine Schularbeiten machen.« Die Wahl fiel auf die niedersächsische Landesuniversität Göttingen. Obgleich ich die eine oder andere Klausur schrieb, auch eine Hausarbeit anfertigte, nahm ich die journalistische Arbeit aber immer ernster als das Studium. Ich mietete mich ein bei einer Dame, die Platzanweiserin im Göttinger Theater war. Sie hatte immer Theaterkarten für mich. Vom NDR in Hannover trafen regelmäßig Telegramme ein – Fax und Handy gab es ja noch nicht: »Liebes Seelchen Pfirsichblüte, dann und dann hält der Professor Soundso den und den Vortrag, wäre schön, wenn du das wahrnehmen könntest.« Ich habe gar nicht erst geguckt, ob ich eine Vorlesung verpasste. Schon war ich wieder bei meiner Lieblingsbeschäftigung. Ich muss sagen, dass ich auf diese Weise große Leute aus dem Wissenschaftsbetrieb der Nachkriegsjahre kennengelernt habe. Der Atomforscher Otto Hahn gehörte dazu, Max Born, der Mathematiker, und der Rechtswissenschaftler Rudolf Smend. Was mich bei allen diesen Koryphäen besonders beeindruckt hat, waren ihr bescheidenes Auftreten und ihr freundliches Entgegenkommen gegenüber einem so jungen Fragesteller. Das Verhältnis von Wissenschaft und Presse war in Deutschland damals nicht das beste. Beide Seiten redeten gerne aneinander vorbei. Da war ich dankbar, wenn sich weltweit anerkannte Wissenschaftler die Zeit nahmen, das große Publikum über die Medien Presse, Funk und Fernsehen in einer Sprache zu erreichen, die verständlich war für alle.

Göttingen entwickelte sich so, wie ich auch München erlebt hatte. Ich machte alles Mögliche, aber das Studium stand nicht gerade im Vordergrund. Meine Eltern beobachteten das wohl auch mit Sorge, freuten sich aber andrerseits, die Stimme ihres Sohnes mit einiger Regelmäßigkeit im Radio zu hören. Sie haben mich am langen Zügel geführt. Mein Vater sagte:

1 Mein Elternhaus: Arnimallee 11, Berlin-Dahlem.

2 Schüler am humanistischen Kaiser Wilhelms Gymnasium, Hannover.

3 Evakuiert nach Pommern.

4 Russlandheimkehrer 1955 – mein ältester Bruder Will wieder vereint mit seinen drei Geschwistern Rolf (ganz rechts), Wall und Helmut.

5 Hochzeit in Bozen mit Barbara, Ostern 1964.

6 Meine Eltern Walter und Elisabeth Seelmann-Eggebert.

7 Urlaubstage am Gardasee.

8 Auf Reportage, ob's stürmt oder schneit.

9 Lagos 1962 – ein Dialog beginnt.

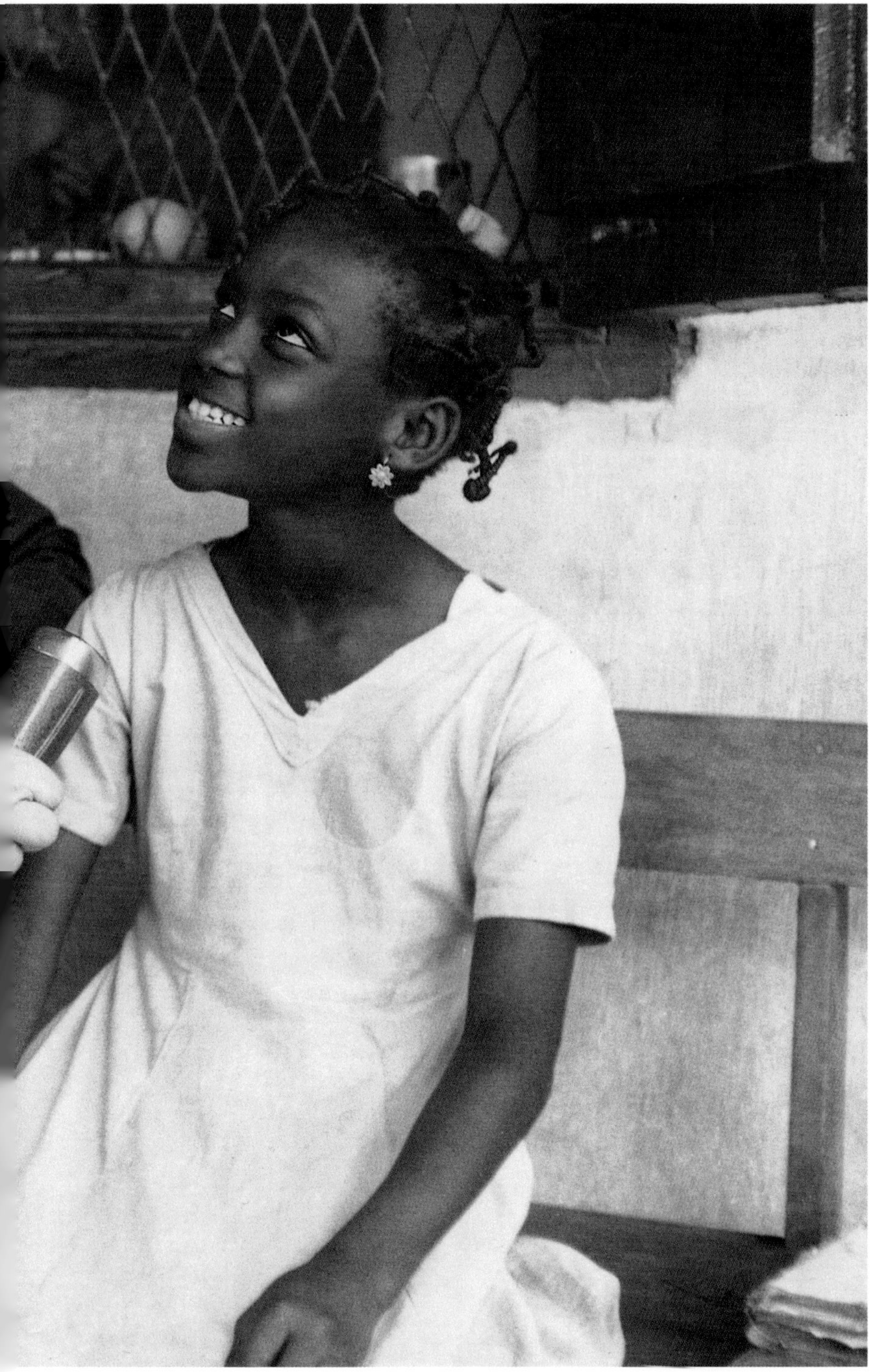

10 Alle Jahre wieder: Industriemesse in Hannover.

11 Der Karmann Ghia war ein verlässlicher Reisegefährte.

12 Vor der Ausreise nach Afrika werden Adele und Sebastian geboren.

13 Zeit für eine Veränderung: Ankunft in Abidjan.

14 Auf der Terrasse unseres neuen Heims mit Souleymane, der guten Seele des Hauses.

15 Alles ist neu. Einkauf auf dem Markt von Abidjan.

16 Homeoffice – mit dem Kurzwellenempfänger auf der Terrasse unseres Hauses.

17 Barbara archiviert wichtige Zeitungsausschnitte.

18 An der Schreibmaschine im Zelt: »Unser Mann in Afrika«.

19 Kameraassistent Axel Swoboda zeigt, wie die Welt durch den Sucher aussieht.

20 Die Familie auf der Terrasse in Nairobi mit Wachhund Kuni.

21 An der Feuerstelle der Massai – warten aufs Mittagessen.

22 Die Republik Zaire feiert ihren Nationalfeiertag.

»Mir ist egal, was du studierst, solange du mir versprichst, dass du mir am Ende das Abschlussexamen einer Universität vorlegst.« Leider starb er, bevor ich mein Versprechen einlösen konnte. Aber ich habe es gehalten.

Und dann kam die Zeit, dass ich dachte, es ist eigentlich ein bisschen unpraktisch für mich, von Göttingen aus für den NDR zu arbeiten. Vor der eigenen Haustür zu studieren, wäre das Allerbeste. Ein neuer Selbstbetrug! Tatsache ist, dass ich meine Studienorte vor allem unter der Perspektive ausgesucht habe: Wie ist die Marktlage? Gibt es interessante journalistische Projekte, bei denen ich mitwirken kann?

In Hannover hatte ich die Technische Hochschule mit ihrem soziologischen Lehrstuhl ins Auge gefasst, aber vorher gönnte ich mir noch ein Semester Hamburg. Der Beginn des Fernsehens beim NDR in Hamburg hatte mich magisch angezogen, und ich wollte mir das näher anschauen. Nach Hamburg fuhr ich täglich mit dem Zug. Ich hatte eine Erste-Klasse-Monatskarte für Schüler und saß also in einem Erster-Klasse-Abteil und erledigte meine Hausarbeiten für die Universität. So fuhr ich ein Semester hin und her, weil ich in Hamburg kein geeignetes Zimmer fand und der Pendelverkehr per Bahn ohnehin preiswerter war.

In Hamburg wurde im Dezember 1957 erstmals eine regelmäßig ausgestrahlte Sendung produziert, die *Aktuelle Schaubude*, moderiert wurde sie von Werner Baecker. Am Samstag nach Ladenschluss wurde gegenüber der Oper in der Innenstadt das Autohaus »Opel Dello« leer geräumt, das »Gläserne Studio« entstand. Dazu parkte man einfach die Autos draußen auf einem Platz. Dann wurde die Technik aufgebaut und live aus dem Verkaufsraum von »Opel Dello« gesendet. Drinnen waren der Moderator und eine Reporterin tätig. Draußen, vor den Schaufenstern, bildete sich eine Traube von Menschen. Dort war ein weiterer Reporter im Einsatz, um Zuschauermeinungen einzuholen. Es war eine Mischung aus Musik, Talk und Infotainment. Das Unterhaltungsmagazin war lebendig und erfreute sich über Jahrzehnte großer Beliebtheit.

Ich glaube, es war die zweite Sendung, an der ich beteiligt war, jemand hatte mitgekriegt, dass ich immer mit dem Zug zwischen Hamburg und Hannover hin und her pendelte. Das fand die Redaktion lustig, und so wurde aus mir der Student, der vergeblich auf Zimmersuche gegangen war. Die Kamera begleitete mich, wie ich in Hamburg hier abgewiesen wurde, dort abgewiesen wurde. Dann »traf« ich einen Afroamerikaner, der es aufgrund seiner Hautfarbe wahrscheinlich noch schwerer hatte als ich, ein Zimmer zu finden. Die Reporterin Ingrid Lorenzen holte uns dann auch noch ins Schaufenster und führte ein langes Gespräch mit uns über das schnöde Hamburg, das für uns arme Studenten keine Quartiere fand und uns nicht helfen konnte. Das war mein erster TV-Auftritt.

Bald danach wurde das Fernsehen auch in Hannover aufgebaut. Das begann mit einem VW Käfer, einem Kameramann und einem Tonmann. Die fuhren dann durchs Land Niedersachsen und machten kleine Geschichten für die *Berichte vom Tage*, das Regionalprogramm. Das »große« Nachrichtenprogramm war die *Tagesschau* in Hamburg. Bei diesen kleinen Produktionen, bei denen ich dann mitwirkte, habe ich – ohne jede Vorbildung und ohne jede Einweisung – erfahren, was ein Kameramann mit einer 16-mm-Filmkamera an Bildern einfangen konnte, was der Ton leisten konnte, was passiert, wenn der Ton asynchron zum Bild lief, worauf zu achten war, wenn man selbst für ein Statement vor die Kamera trat. Es war alles Learning by Doing.

Hansdampf in allen Gassen

Mittlerweile studierte ich in Hannover bei Hans Paul Bahrdt Soziologie. Und der war vor allem in einer Beziehung für mich Gold wert, als er sagte: »Na ja, ich hab mein Studium auch mit dem Journalismus verdient. Ich hab ein Herz für Journalisten.« Davon habe ich ausgiebig Gebrauch gemacht.

Das Bundesverfassungsgericht entschied damals, dass das Zweite Deutsche Fernsehprogramm, das sogenannte Adenauer-Fernsehen, nicht zugelassen wird. Bundeskanzler Konrad Adenauer wollte es 1961 einführen, als eine Art staatsgelenktes Fernsehen, als Alternative zu den ARD-Programmen. Alle waren aber schon darauf vorbereitet, dass es in Deutschland ein zweites Fernsehen geben sollte – auch sendetechnisch. In der Folge hat die ARD zunächst die Frequenzen vom späteren ZDF übernommen und ein zweites Programm angeboten. Der Norddeutsche Rundfunk leistete seinen Beitrag dazu, indem er ein Studio in London, eines in Tokio und eines in New York einrichtete. Überall gingen Leute hin und sollten pro Monat eine Magazinsendung über Land und Leute machen. Die Zuschauer sollten das jeweilige Land kennenlernen, jedoch eher auf unterhaltsame Art und Weise, es wurden aber auch durchaus politische und gesellschaftliche Inhalte vermittelt.

Ich hatte das Glück, dass der Studioleiter, der nach London ging, so gut wie kein Englisch konnte und ich ihm in dieser Hinsicht zur Hand gehen sollte. Da entstand dann ein *Londoner Tagebuch*, so der Titel der Sendereihe. Unmittelbar vor der Endfertigung einer Sendung reiste ich über den Kanal. Die Vereinbarung war: Ich übersetzte die auf Englisch vorliegenden Beiträge, von den englischen Kollegen recherchiert, und sprach die Texte ein. Manchmal schnitt ich die Beiträge auch – obwohl das nicht die Regel war – und machte selbst mindestens einen. So bekamen internationale Ausnahmepersönlichkeiten wie Stirling Moss, der Weltmeister in der Formel 1, oder George Malcolm, einer der größten Cembalisten des 20. Jahrhunderts, in Deutschland eine Bühne. Es waren ungefähr zwölf Monate, zwölf Sendungen, zwölf Beiträge. In dieser Zeit lernte ich viel über britische Sitten und Gebräuche. Das Mittagessen bestand damals an jedem Arbeitstag aus einem Pub-Besuch, bei dem die flüssige Nahrung wichtiger war als die feste. Ich entdeckte dabei eine gewisse Vorliebe für G&T (Gin Tonic), aber es fiel mir schwer, mit den britischen Kollegen Schritt zu halten.

Der NDR hatte mir ein Hotel im Londoner Stadtteil Swiss Cottage besorgt, auf halbem Weg zwischen dem Büro und unserem Schneideraum im Norden der Stadt gelegen. Das Hotel hatte wohl schon bessere Zeiten gesehen. Jedenfalls passierte mir das Missgeschick, dass ich gleich in der ersten Nacht von einem leisen Knistern geweckt wurde. Als ich den Schalter der Nachttischlampe suchte, huschte etwas Warmes über meine Hand, und bei Licht konnte ich gerade noch beobachten, wie eine Maus von meinem Bett auf den Teppich sprang und von dort in der Kaminöffnung verschwand. Ausgerüstet mit einer angebrochenen Schokoladentafel, die Mausezähnchen deutlich sichtbar, ging ich am nächsten Morgen zum Portier und bat darum, mir ein neues Zimmer zu reservieren oder den Kammerjäger kommen zu lassen. Seine Antwort: »Ich werde sehen, was sich tun lässt. Aber zunächst rate ich Ihnen, Ihre Schokolade vom Nachttisch zu nehmen.« Kein Wort des Bedauerns. Eher eine Rüge, dass man so dämlich ist, die Schokolade einfach offen herumliegen zu lassen. Warum behelligen Sie mich überhaupt mit einer solchen Lappalie?

Aber meine Begeisterung ob der Mentalität der Engländer ließ nicht nach: »Alles in allem: England ist wieder herrlich konservativ. Ich würde mich gar nicht wundern, wenn ich eines Tages mit einem Bowler Hat und Rolls-Royce heimkehren würde«, schrieb ich damals an meine Eltern. Konservativ, das bedeutete für mich im Hinblick auf die Briten Beständigkeit, gute Erziehung, Weltläufigkeit gemischt mit einer gewissen Schrulligkeit und viel Humor.

Doch ich reiste in dieser Zeit nicht nur nach England. Meine Eltern waren zwischen den beiden Weltkriegen begeisterte Kreuzfahrtpassagiere geworden. Als 1958 die *Ariadne* als erstes deutsches Kreuzfahrtschiff nach dem Zweiten Weltkrieg wieder in See stach, wollten sie dabei sein. Mein Bruder Wall und ich durften sie begleiten. Unter der Überschrift »Der Faden reicht vom Nordkap bis Port Said« schrieb ich damals:

Es musste sich schnell in Istanbul herumgesprochen haben, denn als ich eine Zeitung kaufte, nach knapp zwei Wochen Orienterfahrung Französisch brav mit Englisch mischend, fragte mich der Verkäufer in geläufigem Deutsch: «Sie sind mit der Ariadne *gekommen? Ein schönes Schiff, nicht wahr?« Und wer mit dem Wagen unten am Hafen entlangfuhr, hielt einen Augenblick an, überrascht, nach langer*

Pause wieder ein schmuckes weißes Schiff, von einem schwarz-weiß-roten Schornstein gekrönt, am »Goldenen Horn« zu sehen. Man begrüßte es wie einen guten alten Bekannten, der lange zögerte, die ihm erteilte Einladung anzunehmen.

Diese Passage ist aus zwei Gründen wichtig. Mein Artikel erschien als großer Vierspalter in der *Frankfurter Allgemeinen*, einer der ersten deutschsprachigen Artikel über Kreuzfahrten nach dem Krieg und als solcher gerne zitiert. Ich begann damals auch, regelmäßig für die *ZEIT* zu schreiben. Ich war einundzwanzig und ziemlich stolz darauf, es so weit gebracht zu haben.

Die Leidenschaft für Kreuzfahrten habe ich geerbt. Ob die *MS Deutschland*, die *Europa*, die *Queen Mary*, die *Queen Elizabeth* – ich bin als Kreuzfahrtlektor, eigentlich ein Vortragsexperte, auf allen vier Schiffen unterwegs gewesen. Was Fernreisen angeht, kann ich mir keine elegantere Form der Fortbewegung vorstellen. Auch wenn die Umweltbelastung sicher nicht dafür spricht.

In Hamburg wurde unterdessen eine Fernsehsendung mit dem Titel *Besuch im Schloss* entwickelt. Das waren halbstündige Sendungen, die aufgezeichnet wurden. Und sie wollten mich als Moderator und Interviewer verpflichten. Warum sie ausgerechnet mich dafür haben wollten, habe ich mich selbst immer wieder gefragt. Aber es war wohl eben so, dass ich Saison hatte. Die Programmmacher wollten ein junges Gesicht, das trotzdem Geschichte glaubwürdig präsentieren konnte. Fünf Schlösser habe ich besucht, vor allem im Weserbergland, in den Beiträgen stellte ich die Familien und das Schloss vor. Ich redete mit den Schlossherren über die Geschichte des Schlosses und was es so besonders machte. Es ist – im Nachhinein betrachtet – schon ein komischer Zufall, dass ich so früh mit Schlössern in Kontakt kam. Die Redaktion schnappte irgendwie auf, dass ich Geige spielte. Und das habe ich dann auch in einer der Sendungen getan, zusammen mit unserem damaligen Gastgeber, dem Grafen Berlepsch und seiner Frau.

Der Zufall wollte es, dass meine Frau und ich auf der Burg Berlepsch bei Witzenhausen später unser erstes eheliches Nest errichteten. Wir wohnten im Dachgeschoss. Der Herd, auf dem Barbara kochte, stand auf den obersten Stufen des Treppenturms. Vom Wohnzimmer blickte man auf Wälder und Täler, so weit das Auge reichte. Man hatte uns damals zwei Katzen geschenkt. Mit denen machten wir lange Waldspaziergänge und haben es nicht einmal erlebt, dass sie uns abhandengekommen wären.

Wenn ich heute diese vier Jahre nach dem Abitur noch einmal Revue passieren lasse, bin ich beinahe schockiert von der Unentschlossenheit, die sie atmen: ewiger Wechsel der Universitäten, Wechsel des Studienfachs, keinerlei Bereitschaft zu ernsthafter akademischer Arbeit. Ja, journalistisch hatte ich mich weiterentwickelt. Aber das war nur die eine Seite der Medaille. Die andere war der Universitätsabschluss, zu dem ich mich meinem Vater gegenüber verpflichtet hatte. Da war ich kaum einen Schritt weitergekommen.

Ich denke, dass mich vor allem die Vielfalt der journalistischen Arbeit fasziniert hat. Das gilt für die Inhalte, aber auch für die drei sehr unterschiedlichen Medien Presse, Hörfunk, Fernsehen. In allen drei Sätteln eine gewisse Sicherheit zu erlangen, das brauchte seine Zeit.

Im Jahr 1960 trat ein Ereignis ein, dass meinem Leben insgesamt einen neuen Kurs gab. Weihnachten 1959 war die jüdische Synagoge in Köln mit Hakenkreuzen beschmiert worden. Bereits am nächsten Tag wurden zwei junge Mitglieder der rechtsradikalen Deutschen Reichspartei als Täter gefasst und festgenommen. In Deutschland löste das große Betroffenheit aus. Schließlich gehörten die Täter einer Altersgruppe an, die über keinerlei eigene Erfahrung im Umgang mit jüdischen Mitbürgern verfügte. Das Land Niedersachsen beschloss damals, eine Gruppe Jugendlicher auf eine Studienreise nach Israel zu schicken, in der Hoffnung, dass die Teilnehmer nach ihrer Rückkehr in Schulen, Sportvereinen und Jugendorganisationen über ihre Eindrücke berichten würden. Mich schickte der NDR als Reporter mit.

Auf diese Art kam ich nach Israel und lernte dabei meine zukünftige Frau Barbara kennen. In der Gruppe von einunddreißig Jugendlichen waren fünf Mädchen und sechsundzwanzig Jungs. Ich hatte mir in den Kopf gesetzt, ich mache jeden Abend ein Interview – mit einem Jungen und einem Mädchen, immer denselben, um zu sehen, was sie im Lauf des Tages erlebt hatten. Ein Mädchen fiel mir durch den großen weißen Strohhut auf, den es trug, als es von den Eltern nach Bad Nenndorf zum Vorbereitungsseminar für die Israelreise gebracht wurde. Es stellte sich heraus, dass dieses Mädchen die Chefredakteurin der Wilhelmshavener Schülerzeitung *Die Pfütze* war und Barbara Heider hieß. In Israel sind wir uns nähergekommen. Sie konnte gut argumentieren, war fröhlich und kümmerte sich. Als es mir an einem der Reisetage nicht gut ging, war sie es, die dafür sorgte, dass ich etwas zu essen erhielt. Und natürlich: Sie war hübsch und hatte Charme.

Die Israelis waren in der Regel sehr nett zu uns – trotz unserer schwierigen Vergangenheit. Nur in einem Fall ist uns von einer Jüdin mittleren Alters gesagt worden: »Ihr müsst es mir nachsehen, aber ich kann mich nicht mit einer deutschen Gruppe unterhalten. Meine gesamte Verwandtschaft ist in KZs umgekommen. Es wird nichts.«

In Shavei Zion, einer Siedlung am Mittelmeer oberhalb von Haifa, trafen wir den gerade pensionierten deutschen Bundespräsidenten Theodor Heuss. Er hatte Shavei Zion deshalb zu seinem Urlaubsort erkoren, weil die Siedlung von deutschen Juden gegründet worden war, die Deutschland unter der Nazi-Diktatur verlassen hatten und als Gruppe zusammengeblieben waren. Das kollektive Leben im Kibbuz erschien den damaligen Immigranten zu strikt, sodass sie eine eigene Siedlungsform gründeten, den Moschaw Schitufi, in dem bei kollektiver Bewirtschaftung jede Familie ihren eigenen Haushalt führte, weshalb man auch vom »Familien-Kibbuz« gesprochen hat.

Theodor Heuss war sehr freundlich und hat eine Stunde lang mit uns geplaudert, über Israel und das Judentum und Deutschland.

Ich schrieb später in einer Reportage für die *FAZ* über die Begegnung mit dem Alt-Bundespräsidenten:

> *»Ich bin etwas gescheiter geworden«, verrät Heuss seinen wissbegierigen jungen Landsleuten bescheiden, die sich bei schwäbischem Gebäck und Orangensaft um ihn scharen. Und dann erzählt er anhand von vielen Beispielen von der enormen Aufbauleistung des jungen Staates Israel, er schwärmt vielleicht sogar ein bisschen: Welch schöneres Kompliment könnte sich das Gastland zum Abschied wünschen? Aber Professor Heuss erinnert auch an den jüdischen Schulfreund, der im Ersten Weltkrieg für Deutschland gefallen sei, ohne dass seine Heimat später dessen gedacht habe,*

und, schon im Gehen, sagt er, wie gut so eine Israelreise deutscher Jugendlicher doch sei und wie heilsam.

Am Ende der Reise kehrte ich nach Hannover zurück, und Barbara fuhr nach Wilhelmshaven. Das Erste, was wir zu Hause bei unserer Ankunft taten, war, zu telefonieren. Wir fragten uns, wie es denn nun weiterginge, wenn wir uns nicht ganz selbstverständlich am nächsten Tag sehen könnten, wie das bei der Reise gewesen war.

Bei ihren Eltern, bei ihren Freunden war ich nur »der Reporter«. Das klang ein bisschen nach Windhund. Ich musste jedenfalls viel Überzeugungsarbeit leisten, zum Beispiel ein Geschichtsreferat für Barbara skizzieren, bevor ich halbwegs ernst genommen wurde.

Ich war damals dreiundzwanzig Jahre alt, Barbara achtzehn. Obwohl von Hochzeit noch lange nicht die Rede war, hatte ich in Barbara eine Frau gefunden, mit der man Pferde stehlen kann und die mit mir ein Leben lang durch dick und dünn marschiert ist.

Eine weitere Reise, die von großer Bedeutung für mich sein sollte, machte ich 1962, ein Jahr, nachdem ich in Israel gewesen war: Sah man von der *Ariadne*-Kreuzfahrt ab, die auch einen Besuch in Ägypten eingeplant hatte, betrat ich damals zum ersten Mal afrikanischen Boden.

Die Bundeszentrale für politische Bildung wollte mit einer Reise durch Nigeria über Entwicklungshilfe informieren, und der NDR schickte mich mit. Am 4. Dezember 1962 schrieb ich an Bord der Lufthansa-Maschine von Frankfurt nach Lagos in einem Brief an meine Eltern:

Der Reiseverlauf in Stichworten: Pünktlich um 13:45 h ab Frankfurt. Eine halbe Stunde später über den Alpen, die wir in 1000 Metern überfliegen. Links taucht das Mont-Blanc-Massiv auf – ein bezaubernder Anblick. Dann Marseille und Überquerung des Mittelmeers. Schäfchenwolken verdecken die Sicht. Danach nur noch rotbraune Wolken oder rotbraune Erde. Die Sahara. Wir überfliegen sie in 2,5 Stunden. Übrigens, in dieser Geschwindigkeit ist die Wüste gar nicht eintönig. Sie ist gebirgig. Der Wind weht lange Sanddämme, eigentlich ändert sich das Bild ständig. Und dann der Sonnenuntergang: Er dauert eine Stunde und produziert die schönsten Rottöne, die ich je gesehen habe. Jetzt ist zwar schwarze Nacht, aber noch immer liegt über dem westlichen Horizont ein dunkelorangener Ton. Übrigens die erste Maschine, in der ich Pfeife rauchen darf. Und sonst sind die Stewardessen sehr reizend. Mein Füllhalter ist ausgelaufen (nicht schlimm), da haben sie mir gleich einen Kugelschreiber geschenkt. Ihre Aufmerksamkeit ist fantastisch. Vermutlich liegt es daran, dass die Maschine nur zur Hälfte besetzt ist. Sie heißt Hannover – ein netter Zufall. Bitte erwartet demnächst kein weiteres Lebenszeichen. Ich möchte mich nun erst mal eingewöhnen.

In Afrika hat sich mein Leben verändert. Als ich in Lagos ausstieg, war es so, als wäre ich auf einem anderen Planeten gelandet: Die feuchte Schwüle, die Gerüche, das Licht, die Menschen, die Geräusche, das chaotische Treiben auf den Straßen, die Afrikaner in ihren bunten Gewändern – all das war jenseits von allem, was ich bislang kannte. Ich konnte mir immer schwer vorstellen, dass andere Menschen in solcher Armseligkeit und angesichts solcher Grundgefährdungen für Leib und

Leben überhaupt zurechtkommen würden. Aber ich sah fröhliche Gesichter bei meiner ersten Reise nach Afrika, machte ein Interview mit einer Schülerin und fragte mich, ob sie unter den obwaltenden Verhältnissen, in denen sie lebte, überhaupt eine Zukunft haben würde. Das, glaube ich, ist es gewesen, was mich in erster Linie bewegt hat. Dieser Riesenunterschied zu dem, was mein Alltag war.

Diese Reise nach Afrika war für mich wie ein Urknall. Die fremden Welten mit eigenen Sitten und Gesetzen, Herausforderungen und Möglichkeiten faszinierten mich. Wie der Zufall es wollte: Für mein Studium brauchte ich ohnehin noch ein Nebenfach. Ich war 1961 doch wieder an der Universität in Göttingen gelandet: Mein Professor Hans Paul Bahrdt übernahm dort den Lehrstuhl für Soziologie, und ich ging sozusagen mit ihm mit. Mittlerweile war ich mit dem Fach so weit vertraut, dass ich es spannend fand und mir überlegte: Mach das mal! Das ist eine gute Sache. Und wieder war es dann so, dass die Universität sich in einer anderen Stadt befand als da, wo ich fürs Radio und Fernsehen arbeiten wollte. Aber das ließ sich organisieren.

In Göttingen gab es einen Lehrstuhl für afrikanische Ethnologie. Der nahm mich dann auch freundlicherweise auf, sodass ich die Fächerkombination Soziologie als Hauptfach, Völkerrecht als Nebenfach und afrikanische Ethnologie als zweites Nebenfach belegte. Günther Spannaus, der Lehrstuhlinhaber für Völkerkunde, war einer der besten Alleinunterhalter in Göttingen. Seine Vorlesungen, mit afrikanischen Schnalzlauten gewürzt, standen bei den Studenten hoch im Kurs. Und so waren nach dieser Reise die Weichen, die mich auf mein späteres Leben als Afrika-Korrespondent vorbereiteten, bereits gestellt.

In dieser Zeit traf ich auch einen der großen deutschen Nachkriegsjournalisten, Eduard Rhein. Rhein war damals Chefredakteur der Rundfunk- und Fernsehzeitschrift *Hörzu*. Er war auf mich aufmerksam geworden, weil ich von Hannover aus viele Randspalten für die *Hörzu* geschrieben hatte, Begleittexte für wichtige Hörfunk- und Fernsehsendungen. Spontan, wie er war, lud er mich zu einem Gespräch in sein Hamburger Büro ein. Von Größe und Ausstattung her hätte es auch das Büro des Bundespräsidenten sein können. Rhein versuchte mir klarzumachen, dass die Universität nicht der richtige Ort für einen jungen Journalisten sei. Der müsse vielmehr schreiben, schreiben, schreiben und seine Zeit nicht mit gelehrigen Disputen vergeuden. Genauso spontan, wie er mich einbestellt hatte, griff er während unseres Gesprächs zum Telefon, um mit meinem Vater zu sprechen. Als der ihm etwas über den Wert eines abgeschlossenen Studiums erklären wollte, wurde der Dialog richtig hitzig. »Alle Redakteure, die einen Doktortitel tragen, sitzen bei mir im Archiv!«, bürstete Rhein den Herrn Geheimrat ab, der sich schnell auf ein angebliches Bismarck-Zitat berief: »Journalisten sind Leute, die ihren Beruf verfehlt haben.« Man war sich rasch einig, sich nicht einigen zu können. Ich war hin und her gerissen.

Aber ich muss sagen, ich habe vor Eduard Rhein immer den Hut gezogen. Er war ein genialer Journalist, ein sehr erfolgreicher Bestsellerautor, Inhaber vieler Patente im Bereich der Phono-Industrie, die ihn zu einem reichen Mann gemacht haben.

Anders als mein Vater fand meine Mutter die Sache mit dem Journalismus, glaube ich, ganz spannend. Plötzlich hatte sie einen Sohn, der aus der Art schlug: neben dem Offizier, dem Juristen, dem Kaufmann – nun also einen Journalisten.

Sie war ja selbst immer unternehmungslustig, ging gern auf Reisen, nahm teil am kulturellen Leben. Aber einen meiner Fernsehauftritte mochte sie später nicht. Bei der Niedersachsenwahl 1982 hatte ich Ministerpräsident Ernst Albrecht vor laufender Kamera begrüßt – mit einem Diener, der meiner Mutter viel zu untertänig war. In diesem Fall konnte ich erwidern: »Nicht meine Schuld! Das habt ihr mir so beigebracht.«

In der Silvesternacht 1962 starb mein Vater. Als mein Bruder aus Russland zurückgekehrt war, begann den Geheimrat die alte Energie zu verlassen. Das war für uns alle schwer zu ertragen. Am schwersten sicher für meine Mutter, die nun zusätzlich pflegerische Aufgaben zu übernehmen hatte. Der Verlust hat mir wehgetan, obgleich er sich früh angekündigt hatte. Bei Dreharbeiten in fürstlichen Häusern ist es mir dann später gelegentlich passiert, dass der Hausherr oder die Hausfrau mir sagten: »Ich war damals ein Kind. Aber an den Geheimrat Seelmann-Eggebert kann ich mich noch gut erinnern. Er war der Rechtsbeistand unserer Familie.«

Weichenstellungen

Zusätzlich zur Koordination von Studium und Journalismus galt es, Barbara zu treffen, die mittlerweile in Wilhelmshaven ihr Abitur gemacht hatte und in Freiburg Psychologie studierte, zusammen mit ihrer Freundin Ingeborg. Regelmäßig setzte ich mich in Göttingen ans Steuer meines kleinen Karmann Ghia, mit fertig gestopften Tabakpfeifen. Nach dreieinhalb Pfeifen, die auf dem Beifahrersitz bereitlagen, war ich in Freiburg angekommen. Viel länger als sechs Stunden fuhr man nicht. Natürlich war auch Barbara von Freiburg aus unterwegs zu mir. Wir sind in dem kleinen Auto ebenso verreist, zeitweise zu dritt oder zu viert. Einmal ging es nach Paris – wir hatten wenig Geld und haben von Baguette, Rotwein und Käse gelebt. Gelegentlich machte ich mir einen Spaß daraus, Barbara und Ingeborg in ein exzellentes Restaurant einzuladen, wo wir dann so taten, als sei es das Selbstverständlichste der Welt, dass sich fünf Ober gleichzeitig um uns bemühten, die sich vermutlich über uns genauso amüsierten wie wir uns über sie.

Irgendwann sollte die Reise nach Spanien gehen, und zwar in ähnlicher Besetzung, mit Ingeborg und ihrem Freund und Barbara und mir im Karmann Ghia. Da hörten wir von Barbaras Großmutter, es herrsche etwas mulmige Stimmung in

Wilhelmshaven im Hinblick auf die Tatsache, dass wir nun schon wieder für längere Zeit ins Ausland reisen wollten, und das ohne irgendein Eheversprechen. Warum wir uns denn nicht verlobten?

Eigentlich wollten wir uns nie verloben, weil wir das spießig fanden, aber dann haben wir uns kurz entschlossen gesagt, wenn unser Lebensglück und das unserer Familie daran hängt, dann verloben wir uns eben. Gesagt, getan. Mein Bruder Helmut war als diplomatischer Unterhändler mindestens ein- oder zweimal in Wilhelmshaven, um dafür zu sorgen, dass die Verlobung im Sinne der beiden Familien über die Bühne ging. Damit war aller Unmut verflogen.

Und so machten wir Badeurlaub in einer nordspanischen Fischerhütte mit einer nackten Glühbirne an der Decke. Ich musste aber und wollte – sehr zum Ärger von Barbara und den anderen Mitreisenden – den Urlaub unterbrechen, um von Barcelona nach Hamburg zu fliegen. Ich sollte dort an einer großen Unterhaltungssendung mitwirken, in der zwei Familien gegeneinander antraten. Meine Rolle bestand im Wesentlichen darin, ein Familienmitglied in Klopapier einzuwickeln. Kein Wunder, dass Barbara sauer über die Unterbrechung unseres Urlaubs war. Leider sollte es nicht die letzte in unserem Leben sein.

Aber als freier Mitarbeiter ist man nicht so wählerisch. Wenn die Nachrichtenlage es erfordert, lässt man alles stehen und liegen. Das war auch so in Lengede. Das Bergwerksunglück in der Nähe von Braunschweig war das schlimmste Ereignis, über das ich in den Hannover-Jahren berichtet habe. Am 24. Oktober 1963 wurden in Lengede 129 Bergleute in einem Stollen verschüttet und mussten tagelang unter der Erde ausharren und auf Rettung warten. Der dramatischste

Augenblick in Lengede war der, als unser NDR-Toningenieur sein Mikrofon in das Bohrloch absenkte, in der Hoffnung, dort im Schacht noch auf Überlebende zu stoßen. Ein Tauchspulenmikrofon kann eine doppelte Funktion wahrnehmen. Man kann es zur Ansprache von Menschen benutzen, also quasi als Lautsprecher, und die Menschen können selbst über das Mikrofon zurücksprechen. Wer dabei war, wird die Spannung nie vergessen, wie das Mikrofon Meter für Meter in das Bohrloch hinuntergelassen und immer wieder die Frage gestellt wurde: »Hört mich jemand da unten? Antwortet bitte!« Als der erste verschüttete Bergmann sich meldete, brach an der Bohrstelle ein unvorstellbarer Jubel aus. Man bemüht sich ja in der Regel, als Reporter einen gewissen Abstand zu halten, unter keinen Umständen die Fassung zu verlieren. Aber in diesem Fall blieb kein Auge trocken. Das galt damals für die Angehörigen genauso wie für die Berichterstatter. Wir lagen uns weinend in den Armen.

Zu meinen Tätigkeiten im Hörfunk kam hinzu, dass mit der Ankunft des Fernsehens auch Berichte von der hannoverschen Industriemesse übertragen wurden. Zehn Tage waren das in der Anfangszeit, wo man auf der Messe über alle möglichen Neuigkeiten sprach, und das Fernsehen übertrug jeden Tag drei oder vier Stunden live. Das ist heute ziemlich unvorstellbar. Aber Niedersachsen war damals sehr stolz auf sein »Fenster zur Welt«, einte es doch die Industrien aller Kontinente zu einer Leistungsschau, wie man sie sonst nirgends auf der Welt besuchen konnte.

Ich war einer von insgesamt drei Reportern, die das machten. Wir drei waren an den Messetagen ein unzertrennliches Kleeblatt. Abends gingen wir spät ins Bett, morgens kamen wir verkatert wieder auf das Gelände. Aber es gab mir eine große Sicherheit und Routine, wenn man das machte, drei Stunden am Tag, zehn Tage hintereinander. Da wusste man hinterher, was man geleistet hatte.

Merkwürdigerweise fiel mir die Livereportage ein ganzes Leben lang leichter als das übliche On-Camera-Statement, das man so oft wiederholen kann, bis es endlich sitzt. Gegen das Lampenfieber half mir immer die Vorstellung: Natürlich gibt es jetzt auf der ganzen Welt Hunderte von Kollegen, die mit der Aufgabe möglicherweise sogar besser fertigwürden als du selbst. Aber dummerweise sind die gerade nicht hier. Also: »Auf Rot geht's los!«

Was die Arbeit im Team angeht, habe ich in den vergangenen Jahren die besten Erfahrungen mit der Kollegin Mareile Höppner gemacht. Wir haben Staatsbesuche, Hochzeiten, Inthronisierungen Stunde um Stunde live im Fernsehen übertragen. Wenn mir dann langsam die Puste ausging, konnte ich mich immer darauf verlassen, dass Mareile noch eine gute Pointe im Köcher hatte. Und schon ging's weiter.

So bewegte ich mich weiter zwischen den Welten: Einerseits war ich weiterhin Student, andererseits ein mittlerweile erfahrener Reporter. Es zeichnete sich jedoch immer mehr ab, dass es so, wie ich jetzt lebte, auf die Dauer nicht weitergehen konnte: Ich musste mich endgültig entscheiden und meinen Abschluss machen, wenn ich heiraten und eine Familie haben wollte.

Der Zufall wollte es, dass ich 1963 von der Sekretärin des Rektors der Universität Göttingen, Ruth Sieben, angesprochen wurde. Sie sagte: »Stellen Sie sich vor, Herr Seelmann-Eggebert, wir müssen jetzt eine große Konferenz in Göttingen ausrichten. Und wissen eigentlich gar nicht, wie wir das schaffen sollen.« Sie fügte hinzu, dass man einen Koordinator suche, ob sie meinen Namen ins Spiel bringen dürfte. Obwohl ich damit keinerlei Erfahrung hatte, passte mir die Anfrage ins Konzept. Ich hatte innerhalb von vier Wochen eine Magisterarbeit über Shavei Zion geschrieben, die Genossenschaft in Israel, in der wir bei unserer Israelreise Theodor Heuss getroffen hatten. Ich war dafür noch einmal nach Shavei Zion zurückgekehrt. Die Arbeit zu schreiben, war – beinahe – ein Vergnügen, denn meine ganzen Gesprächspartner sprachen Deutsch und freuten sich, dass ihre Geschichte des Exodus von einem jungen Journalisten aufgeschrieben wurde. Jetzt fehlte mir nur noch die mündliche Prüfung. Barbara, die inzwischen von Freiburg nach Göttingen umgezogen war, stand kurz vor dem Vordiplom in Psychologie. Wir wollten 1964 heiraten, an Ostern, mit der ganzen Familie im Schnee von Südtirol.

Ich nahm die Göttinger Offerte an, was mir auch deshalb nicht schwerfiel, weil mir der damalige Rektor, der Alttestamentler Walther Zimmerli aus der Schweiz, der mein Vorgesetzter sein würde, besonders sympathisch war. Ich wurde zum Generalsekretär der III. Europäischen Rektorenkonferenz berufen, die im September 1964 stattfand und die Göttinger Möglichkeiten bei Weitem überforderte. Aber dank eines starken Teams, das sehr wesentlich aus Göttinger Studenten bestand, wurde die Konferenz auch unter organisatorischen Gesichtspunkten ein Erfolg. Ich bin noch heute stolz darauf, dass es uns damals gelang, die Deutsche Bahn zu überreden, für die Dauer der Konferenz einen Trans-Europa-Express-Halt (TEE-Halt) einzulegen. Normalerweise brausten die schnellen Züge nämlich ohne Halt durch Göttingen durch.

Weitere Höhepunkte der Konferenz in Göttingen waren ein großer Umzug durch die Stadt, an dem Rektoren und Präsidenten aller europäischen Universitäten und Hochschulen teilnahmen, die Eröffnung der Göttinger Stadthalle mit den Berliner Philharmonikern und ein Besuch von Bundeskanzler Ludwig Erhard, bei dem ich die Ehre hatte, eine seiner geliebten Zigarren anzünden zu dürfen. Eine so gewichtige europäische Konferenz – das war für Erhard in erster Linie ein Pflichttermin. Aber er selbst war ja auch Professor, als Ökonom auch ein Mensch der Wissenschaft, der Universität. Und mal nicht als Bundeskanzler gebeten zu sein und als Professor mit so vielen Kollegen zusammenzutreffen, das machte ihm offensichtlich Freude.

Kurz darauf legte ich das Magisterexamen ab und bestand mit der Note »Gut«.

Rückblickend kann ich sagen: 1964 war ein Schicksalsjahr für mich. Nachdem die Konferenz so erfolgreich gewesen war, fragte man Zimmerli, ob er permanenter Präsident der Europäischen Rektorenkonferenz werden wollte. Ihm war klar, dass das mehr oder weniger das Ende seiner wissenschaftlichen Karriere sein würde. Auch ich erhielt ein Angebot: Ich wurde gefragt, ob ich Lust hätte, Generalsekretär der Europäischen Rektorenkonferenz mit Sitz in Genf zu werden. Wir haben uns beide beraten. Am Ende sagte Zimmerli: »Wissen Sie, ich mache das nicht.« Und ich habe gesagt: »Dann mache ich das auch nicht.«

So war eine wichtige Entscheidung gefallen: nicht nach Genf weiterziehen, sondern endgültig Journalismus.

In der Zwischenzeit hatte ich vom Funkhausdirektor in Hannover die Offerte erhalten, dort die Abteilung, in der ich nun schon jahrelang als freier Mitarbeiter tätig gewesen war, als Leiter zu übernehmen. Schuster, bleib bei deinen Leisten, habe ich mir gedacht. Die Entscheidung für den Funk habe ich nie bereut. Im Wissenschaftsmanagement hätte ich mich auf die Dauer sicher nicht wohlgefühlt. Das war ebenfalls Barbaras Einschätzung.

Auch später im Leben habe ich immer mal wieder mit attraktiven Angeboten aus Wirtschaft und Industrie geliebäugelt. Ich sollte zum Beispiel Pressechef von Daimler-Benz werden, was daran scheiterte, dass ich bei Vorstandssitzungen nicht mit am Tisch hätte sitzen dürfen. Das hatte ich verlangt. Die Lufthansa wollte in Washington so etwas wie einen deutschen Salon für die US-amerikanische Elite errichten, und ich sollte die Gastgeberrolle übernehmen. Auch dieses Projekt wurde dann zu den Akten gelegt, ob von mir oder der Lufthansa oder von beiden, daran kann ich mich nicht erinnern.

Im November 1964 wurde Adele, unsere Älteste, geboren. Eigentlich sollte sie bei ihren Großeltern in Wilhelmshaven auf die Welt kommen. Für die neue Stelle im Funkhaus wollten wir nach Hannover umziehen, und wir hatten uns entschieden, dass Barbara in dieser Zeit des Umbruchs mit dem Neugeborenen bei ihren Eltern besser aufgehoben wäre. Aber statt den errechneten Geburtstermin in Ruhe abzuwarten, meldete unsere Tochter sich fünf Wochen zu früh – und zwar gebieterisch. So wurde uns am 18. November eine kleine Göttingerin geboren, keine Wilhelmshavenerin.

Barbara hatte ihr Studium einstweilen an den Nagel gehängt, um sich mit ganzer Kraft ihrer kleinen Familie widmen zu können. Während sie sich mit dem Alltag in Hannover zu arrangieren versuchte, hatte ich noch einmal die Möglichkeit, auf Reisen zu gehen. Aufgrund meiner Kontakte mit dem Bundesministerium für wirtschaftliche Zusammenarbeit und dem Deutschen Entwicklungsdienst konnte ich von ihnen unterstützte Entwicklungsprojekte in der Welt kennenlernen. Brasilien, Togo und Dahomey habe ich auf diese Art und Weise bereist. Dort waren deutsche Entwicklungshelfer im Einsatz. Bei ihnen konnte ich vor Anker gehen und von da aus dann Gespräche führen, mitfahren, sehen, was getan wird, Fotos und Tonbandaufnahmen machen. Auch in den Iran (Isfahan und Teheran), nach Pakistan und Indien bin ich gereist, einmal quer durch den Subkontinent. Aus den Notizen der Reisen ging eine Sendereihe hervor, die der NDR im Hörfunk ausstrahlte. Später wurde daraus ein Buch mit dem Titel *Die ungeduldigen Deutschen*, in dem Vorwort dazu habe ich geschrieben:

> *Dieses Buch will Fehler nicht beschönigen. Aber ich meine, dass es an der Zeit ist, von mehr zu reden als nur von den Pannen der deutschen Entwicklungshilfe. Wenn der Menschheit weltweite Auseinandersetzungen erspart bleiben sollen, deren Ausgang niemand vorhersehen kann, muss uns bewusst sein, welche Probleme im Spannungsfeld zwischen den armen und reichen Völkern einer Lösung harren. Dieses Bewusstsein zu schärfen, ist das Ziel dieses Buches.*

Mit Entwicklungshilfe beschäftigte sich damals ein relativ kleiner Kreis von Politikern, Experten, Journalisten. Schon die Benennung des Arbeitsbereichs war schwierig. Kümmerte man sich eher um »Entwicklungshilfe« oder um »Entwicklungspolitik«? Wer gehörte eigentlich zur »Dritten Welt«? Dann kam der Begriff »wirtschaftliche Zusammenarbeit« auf. Aber wie immer man das Kind nannte: Es wurde eher geduldet als willkommen geheißen. In diesem Klima konnte ein Buch wie *Die ungeduldigen Deutschen* allenfalls einen Achtungserfolg erzielen. Wirklich ins Scheinwerferlicht der Öffentlichkeit rückte das Thema dann erst 2015 mit der Entscheidung von Bundeskanzlerin Angela Merkel, die deutschen Grenzen für Flüchtlinge zu öffnen – ein Musterbeispiel für humanitäre Gesinnung, leider auch ein Beispiel für schlechtes Management.

1967 wurde unser zweites Kind geboren, Sebastian, und sorgte vollends dafür, dass Barbara sich nicht »langweilte«. In einem Brief an die Eltern in Wilhelmshaven schrieb sie:

> *Quaki (später Baki, Kosename für Adele, die als Baby gerne laut und lange schrie) geht nun endlich in den Kindergarten, so habe ich wenigstens ab und zu mal eine ruhige Minute, wenn der Kleine schläft. Es ist sonst nicht zum Aushalten, immer nur die kleinen Kinder. Wenigstens am Sonntag kommen wir mal raus und essen in der Hohenzollernstraße bei meiner Schwiegermutter. Ansonsten besteht mein Alltag aus Einkaufen, Kochen, Putzen, Kinder auslüften. Neulich habe ich tatsächlich den Kinderwagen mit Wäffi (Kosename für Sebastian, der sich selbst Wawa nannte) im Geschäft stehen gelassen. Baki hat die ganze Zeit auf mich eingeredet und von ihren Bastelarbeiten erzählt, während wir nach Hause spazierten. Plötzlich dachte ich, oh, da fehlt doch einer!? Als ich zurückkam in den Einkaufsladen, stand er da wie gehabt und schlief in aller Seelenruhe. Das darf man auch keinem erzählen.*

Im selben Jahr wurden die NDR-Sendereihe, die ich über meine Reisen in die Entwicklungsländer geschrieben hatte, und das darauf basierende Buch mit dem Deutschen Journalistenpreis ausgezeichnet. Ihn zu erhalten, war für einen Reporter in Hannover wichtig. Denn aus der Sicht der stolzen Freien und Hansestadt Hamburg kam man als Hannoveraner doch eher aus der Provinz.

1968 wurde bekannt, dass Dieter Döllken nach Tokio gehen würde und dadurch der Korrespondentenplatz in Abidjan an Afrikas Westküste neu zu besetzen sei. Für Barbara und mich war Abidjan von vornherein ein attraktives Ziel. Barbara war in Hannover voll beschäftigt mit den beiden Kindern, ich hatte durch meinen frühen Start schon zwölf Berufsjahre hinter mir. Wir fanden, es ist Zeit zur Veränderung.

»Wenn Sie nach Abidjan wollen, müssen wir mal überlegen, wie wir das am besten anstellen«, entschied der damalige Hörfunkdirektor des NDR, Franz Reinholz. Er und Ernst Gottfried Mahrenholz, Funkhausdirektor in Hannover, waren mir beide wohlgesonnen. Welche Hürden sie bei dieser Berufung möglicherweise zu überwinden hatten, weiß ich nicht. Bei einem so großen Verbund wie der ARD ist es natürlich immer möglich, dass eine Anstalt einen Gegenkandidaten präsentiert, den sie für besser geeignet hält. Aber in meinem Fall klappte es. Wir durften nach Afrika.

Unser Mann in Abidjan

Abidjan – das war bereits mein zweiter Anlauf gewesen, Auslandskorrespondent zu werden. Anfang der Sechzigerjahre sollte ein Korrespondentenwechsel in Washington stattfinden. Peter von Zahn, der dort lange Zeit gearbeitet hatte, machte sich selbstständig. Nun wurde Thilo Koch, der im damals geteilten Berlin das Hörfunkstudio des Norddeutschen Rundfunks leitete, aufgefordert, die Nachfolge von Peter von Zahn anzutreten. Koch war ein Literat und brillanter Journalist. Eines Tages lud er mich zu einem Gespräch ein. Irgendjemand hatte ihm empfohlen: »Rede doch mal mit dem Seelmann, vielleicht kommt er als zweiter Mann in Washington infrage.« Also reiste ich von Hannover aus nach Zehlendorf und stellte mich in der Koch'schen Villa vor.

Als Erstes beschnupperte mich eine große Dogge, die mich offenbar für in Ordnung befand. Dann wandte sich das Ehepaar Koch bei Kaffee und Kuchen dem Aspiranten zu. Sie interessierten sich besonders für meine Erfahrungen mit den Briten. Nach dem Gespräch bin ich nach Hause gefahren und habe gedacht: So! Ich fürchte, das wird jetzt ernst. Aber ich hörte nie wieder etwas von Thilo Koch nach dieser wunderbaren Begegnung. Bis ich irgendwo in der Zeitung las, dass der neue Korrespondent seine Arbeit in Washington aufgenommen hätte, ihm zur Seite stünde Lothar Loewe. Als ich Thilo Koch Jahre später auf mein Vorstellungsgespräch bei ihm ansprach, war er tief betroffen und konnte sich gar nicht vorstellen, dass mich niemand über den Ausgang informiert hatte. Ich habe es ihm aber nicht übel genommen. Mein Weg sollte einen anderen Verlauf nehmen. Lothar Loewe ist später Intendant des SFB (Sender Freies Berlin) geworden, ich war gut mit ihm befreundet.

Die Zeit vor der Ausreise nach Afrika war für mich eine intensive, in der ich viel gelesen habe, um mich vorzubereiten für diese ferne Mission. Was würde uns dort erwarten? Als Erstes musste ich Französisch lernen. Ich hatte die Sprache in der Schule abgewählt, was den Französischlehrer damals bemüßigte zu sagen, das würde ich noch bereuen. Und spätestens in dem Augenblick, als ich wusste, es geht nach Abidjan, wusste ich, dass er recht gehabt hatte. Ich habe es dann mit einem Schnellkurs bei einer Sprachenschule in Hannover versucht. Aber in Abidjan musste ich feststellen, dass das Französisch, das dort gesprochen wurde, mit einem schweren afrikanischen Akzent versehen war. Ich habe schließlich mehr das afrikanische Französisch gelernt als das Schulfranzösisch, wie wir es kennen.

Anfang Dezember 1968 war es endlich so weit. Wir packten einen VW Variant voll mit Sachen und drehten noch einmal eine Ehrenrunde um das Funkhaus in Hannover. Alle standen an den Fenstern, winkten und wünschten uns viel Glück.

Das Jahr 1968, in dem wir nach Afrika umzogen, war in der Bundesrepublik ein innenpolitisch brisantes Jahr. Nicht umsonst spricht man noch heute von den »Achtundsechzigern«.

Ich war davon am Rande betroffen, als ich zum Beispiel auf Bitten der Georg-August-Universität in Göttingen eine große Dialogveranstaltung von Studenten und Professorenschaft moderiert habe. Die Studenten damals wehrten sich gegen autoritäre Strukturen in Staat und Gesellschaft. Sie stürmten Zeitungsredaktionen, die sie für reaktionär hielten, und verlangten die Ablösung von Alt-Nazis an Universitäten und Gerichten. Sie gingen auf die Straße, um für die revolutionären Regime der sogenannten Dritten Welt zu werben. Es war ein Aufstand gegen ein System, das sie für versteinert hielten. Als das System zurückschlug, gingen einige Wortführer der Bewegung in den Untergrund und kämpften von da aus weiter, mit blutigen Folgen.

In eine Partei einzutreten und eine bestimmte Meinung kundzutun, kam für mich zunächst nicht infrage. Ich wollte unter keinen Umständen den Eindruck erwecken, als ob ich meine Journalistenkarriere einer politischen Partei verdankte. Mit der Entsendung nach Afrika änderte sich das. Niemand würde mich verdächtigen, dass ich den Korrespondentenplatz aufgrund einer politischen Intervention erhalten hätte. An dem Tag, an dem wir mit dem Auto nach Marseille aufbrachen, hielt ich noch kurz an einem Briefkasten in Hannover und warf meine Beitrittserklärung zur SPD ein. Die Partei hat mich nie öffentlich für sich in Anspruch genommen, wofür ich ihr dankbar bin.

Meine Entscheidung hatte aber ein familiäres Nachspiel. Mein Bruder Helmut war der Auffassung, dass die Ausgewogenheit innerhalb der Familie durch meinen Parteieintritt aus dem Gleichgewicht geraten sei, und erklärte seinerseits den Beitritt zur CDU. Wir haben uns dessen ungeachtet stets bestens verstanden.

Nun aber waren Barbara und ich mit den beiden Kindern auf dem Weg nach Marseille. Von dort ging unser Schiff nach Abidjan. Es hieß *Général Mangin* und legte auf der Strecke eine ganze Reihe von Zwischenstationen ein, so wie eine Kleinbahn, die an jeder Milchkanne hält. Die Schiffe fuhren im Pendelverkehr die Westküste des afrikanischen Kontinents hinunter und wieder hinauf. Auch unser Auto wurde verladen. Es gab eine erste Klasse, eine zweite Klasse, eine dritte Klasse, es gab eine Gefängnisklasse, eine Hospital-Klasse und es gab die berühmte Gummizelle für diejenigen, die im Kolonialdienst durchgedreht waren, was nicht selten der Fall war. »Gut, dass wir nicht im Kolonialdienst tätig sind«, sagten wir uns. Dass Afrika für uns Mitteleuropäer eine Herausforderung bedeuten würde, war uns schon bewusst.

Am 17. Dezember erreichten wir Abidjan, die Hauptstadt der Republik Elfenbeinküste, damals das »Paris Afrikas«, eine lebendige Stadt voller Gegensätze. Als wir umschwirrt von Malariamücken landeten, zeigte das Thermometer 32 Grad Celsius im Schatten, bei 98 Prozent Luftfeuchtigkeit.

Wäre alles gut gegangen, hätten wir das Weihnachtsfest schon im eigenen Haus feiern können. Aber es ging nicht alles gut. Der Zoll wurde nicht rechtzeitig fertig mit der Abwicklung unseres Umzugsguts. Vielleicht lag das auch daran, dass wir mit den örtlichen Bakschisch-Gepflogenheiten noch nicht so richtig vertraut waren. Kurzum: Statt auf der Veranda unseres kleinen Bungalows in der Rue des Citronniers verbrachten wir die Weihnachtstage in einem Hotelbungalow, während der Weihnachtsschmuck und die Geschenke irgendwo im Hafen von Abidjan auf uns warteten. Das Haus samt Souleymane, dem afrikanischen Hausmann, hatten wir von meinem Vorgänger Dieter Döllken übernommen. Ein Haus ohne Personal gab es nicht. Auch wenn das für uns zunächst gewöhnungsbedürftig war. Gemessen an dem Luxus, in dem andere Europäer in Abidjan residierten, wohnten wir eher bescheiden. Nur die beiden Schlafzimmer und mein Büroraum waren klimatisiert, durch das Wohn- und Esszimmer wehte allenfalls die zarte Brise eines Ventilators. In der Regenzeit entwickelte sich die Rue des Citronniers zu einem kleinen Fluss, denn die Straße war eigentlich nur ein unbefestigter Lehmweg.

Über den Einzug in das Haus am 30. Dezember 1968 berichtete Barbara in einem Brief an die Eltern in Deutschland:

Am Abend unseres Einzugstags fanden wir im Wohnzimmer immerhin schon zwei frei verfügbare Sessel und einen Tisch, wo wir uns erschöpft, klitschnass, aber fröhlich niederließen und mit Behagen einen eisgekühlten Gin Tonic tranken. Die überflüssigen Pfunde Bauchspeck sind wir längst losgeworden. Souleymane ist wirklich eine Perle, obwohl ich sein Französisch so gut wie überhaupt nicht verstehen kann. Trotzdem unterhalten wir uns, so gut es eben geht. Er hat tüchtig zugepackt beim Einzug, macht alles, wie wir es haben wollen, hat uns schon Leber mit Kartoffelbrei und Fisch gekocht. An deutschen Worten hat er bis jetzt hervorgebracht »essen« und »Nase läuft« (bei Wäffi nämlich). Da wir noch keinen Nachtwächter haben, hat er in den letzten Nächten draußen auf dem Fußboden unserer Terrasse geschlafen, damit auch ja nichts passiert. Man hat den Eindruck, er sorgt so richtig für uns. Wenn er in der Küche steht und ich danebenstehe und zugucke, dann muss ich dauernd abschmecken, ob alles richtig ist, und er ist sehr stolz, wenn man entzückt ist.

Das war der Beginn von acht Jahren Korrespondententätigkeit, die mich kreuz und quer durch den Kontinent haben reisen lassen, immer den afrikanischen Konflikten, aber auch den afrikanischen Geheimnissen auf der Spur.

Sehr großzügig – und keineswegs üblich – war die Tatsache, dass mir mein Vorgänger seinen kompletten Aktenschrank mit den Zeitungsausschnitten des Berichtsgebiets von drei Jahren überließ. Das war sehr wichtig, denn es gab ja kein Internet, wo man heute schnell nachschlagen würde.

Eine Story zu schreiben, war die eine Sache, sie an die Heimatredaktion weiterzuleiten, eine ganz andere. Wenn ich etwa von der Elfenbeinküste aus das Nachbarland Ghana telefonisch erreichen wollte, musste ich oft vierundzwanzig Stunden warten. Das Gespräch brauchte deswegen so lange, weil es von Abidjan erst nach Paris ging, von Paris nach London, von London zurück nach Ghana. Also ein Riesenumweg, der aus der Kolonialzeit stammte und einem Journalisten das Leben sehr erschweren konnte. Grundsätzlich galt, dass man, wenn man es eilig hatte, seinen Bericht am besten per Telex, das heißt per Lochstreifen, der sich über den Schreibtisch ringelte, auf die Reise schickte. Das war damals der schnellste und zuverlässigste Weg, Nachrichten zu übermitteln. Heute ist das kaum mehr nachzuvollziehen.

Eine meiner ersten Aufgaben als frisch gebackener Afrika-Korrespondent war es, den letzten Staatsbesuch von Bundespräsident Heinrich Lübke zu begleiten. Lübke hatte damals das Ende seiner zweiten und letzten Amtszeit erreicht. Er war alt geworden, hatte Wortfindungsschwierigkeiten und reiste mit großer Pressebegleitung. Nicht etwa, dass die deutschen Kollegen und Kolleginnen plötzlich ihr Herz für Afrika entdeckt hätten. Einige waren nur mitgereist, um über den nächsten Fauxpas des deutschen Staatsoberhaupts berichten zu können. Er landete in Abidjan am 5. Februar 1969, meinem zweiunddreißigsten Geburtstag.

Dessen ungeachtet hatte es sich die Familie Seelmann-Eggebert nicht nehmen lassen, gegen Mittag zum Flughafen zu fahren, um dort ihren Bundespräsidenten Fähnchen winkend willkommen zu heißen. Vor der Empfangshalle war das reinste Volksfest im Gange. Hunderte von Afrikanern tanzten und trommelten, klatschten und schrien. Wir sahen hier auch zum ersten Mal die Stelzenläufer, für die die Elfenbeinküste bekannt ist. Die Kinder waren völlig benommen von dem ungeheuren Lärm und natürlich von der Hitze, in der wir eine Stunde lang standen und warteten. Wir bewunderten die Ausdauer und Geschwindigkeit der Tänzer, die von ihren Leuten laut angefeuert wurden. Zum Zeremoniell der Begrüßung durch den Gastgeber, Präsident Félix Houphouët-Boigny, gehörte auch das Abschreiten einer militärischen Ehrenformation, für die ganz offenbar die Republikanische Garde in Paris Pate gestanden hatte, mit glitzernden Helmen, roten Umhängen und Säbeln. Nicht sehr passend für das afrikanische Klima.

Am nächsten Abend fand ein Staatsbankett zu Ehren von Heinrich Lübke statt. Das Protokoll in London, Paris oder Washington hätte es nicht prachtvoller gestalten können. Von der großen Terrasse blickte man auf die Lagune. Tische im Freien, für Hunderte von Gästen gedeckt, geschmückt mit Orchideen und Obstschalen. Innenhöfe mit Springbrunnen, die Wände mit Marmor verziert. Die Damen trugen lange Abendgarderobe, die Herren Frack oder Smoking. Gastgeber und Staatsgast saßen im Wesentlichen stumm nebeneinander und beobachteten das bunte Treiben der Gäste, derweil Wilhelmine

Lübke das Tanzbein schwang und sich sogar an afrikanischen Rhythmen versuchte. Obwohl Barbara und ich den Abend in vollen Zügen genossen, fragten wir uns doch: Was sagen wohl die Leute auf dem Markt, wo wir regelmäßig einkauften, zu solchem Luxus? Wissen sie überhaupt, wie die Eliten leben? Und wie begründen wir gegenüber dem Steuerzahler die Notwendigkeit, Entwicklungshilfe zu leisten, wenn es doch offenbar Regime gibt, die in Saus und Braus leben, während der Bauer auf dem Land das Geld nicht aufbringen kann, um den dringend erforderlichen neuen Brunnen zu bauen?

Ich begleitete Bundespräsident Heinrich Lübke von Abidjan weiter nach Niamey, der Hauptstadt der Republik Niger. Dort ereignete sich dann prompt das Missgeschick, auf das viele Kollegen gewartet hatten. Der Bundespräsident sollte in der Plenarversammlung des Parlaments sprechen, wahrscheinlich über die Deutschen und Afrika, und sollte danach noch eine zweite Rede halten bei der Eröffnung einer Ausstellung. Doch er verwechselte die Reden. Statt richtungsweisende Worte zur deutsch-afrikanischen Zusammenarbeit vorzutragen, die die Parlamentarier erwartet hatten, sprach Lübke von Bildern und Gestalten, nach denen man sich vergeblich umsah. Der Dolmetscher vom Auswärtigen Amt rettete die Situation, soweit sich da noch etwas retten ließ, indem er die französische Übersetzung der Ansprache im Futur verlas: »Da werden Sie dann das Bild rechts oben sehen …« Bei dem Ausstellungsbesuch verzichtete man einfach auf die Rede, weil sie ja schon im Parlament gehalten worden war. Und die Parlamentsansprache fiel schlicht unter den Tisch.

Diese Geschichte machte nicht mehr viel von sich reden, weil die Presseleute, die darauf gewartet hatten, gar nicht mehr an Bord waren. Ich bin dann mit der Präsidentenmaschine nach Deutschland zurückgeflogen, weil es von da aus einfacher war, nach Abidjan zurückzukehren.

Anders als im eigenen Land erfreute sich Heinrich Lübke in den afrikanischen Ländern, die er besuchte, großer Popularität. Man hatte Respekt vor seinem Alter. Man wusste, dass er viel von Landwirtschaft verstand. Und man schätzte ihn wegen seiner Prinzipientreue. Als er Togo besuchte, ließ er sich seine rechte Hand verbinden, um Präsident Gnassingbé Eyadéma, der seinen Vorgänger hatte umbringen lassen, nicht die Hand geben zu müssen.

Ich stand damals unter ziemlichem Erfolgsdruck. Im Juli 1969 schrieb ich an meinen Bruder Helmut:

> *Meine Schreibfaulheit bitte ich zu verzeihen, aber ich bilde mir ein, im ersten Jahr meiner Tätigkeit erst einmal sehr fleißig sein zu müssen, um auf diese Weise die Spielwiesen zu erkunden, auf denen ich daheim besonders wohlgelitten bin. Erfreulich hat sich in letzter Zeit die Zusammenarbeit mit der* Tagesschau *und dem* Weltspiegel *angelassen. Wollen wir hoffen, dass das kein Strohfeuer war und »unser Mann in Afrika« dort auch weiter seinen Markt finden wird. Auf jeden Fall dürfte ich – Kameramann, Reporter, Toningenieur in einem – der billigste der Auslandskorrespondenten sein.*

Während ich mich mit Haut und Haaren den Korrespondentenpflichten widmete, übernahm fortan überwiegend Barbara die Aufgabe, die Verwandtschaft in Briefen und besprochenen Kassetten über unser Leben im fernen Afrika auf dem Laufenden zu halten.

Für die Redaktionen zu Hause in Deutschland war Afrika ein Thema, das unter »ferner liefen« rangierte. Die Musik spielte woanders: Washington, Moskau, London, Bonn. Man musste sich viel Mühe geben, eine Story an den Mann zu bringen. Statt nur den Hörfunk zu versorgen, arbeitete ich mit Genehmigung von NDR und ARD auch regelmäßig für die *Frankfurter Allgemeine*. Deren Afrika-Korrespondent, Günter Krabbe, war der Doyen von uns allen. Er saß damals in Accra, der Hauptstadt Ghanas, und freute sich über die Unterstützung durch den jungen Kollegen in Abidjan. Außerdem nutzte ich jede Gelegenheit, auch für die aktuellen Fernsehredaktionen in Deutschland zu arbeiten. Ich tummelte mich also in drei Medien und freute mich jedes Mal, wenn ich von einer Redaktion um einen Beitrag gebeten wurde, der ganz offensichtlich schon in einem anderen Medium gelaufen war, vom selben Autor.

Weil ich ja bis 1968 einige Fernseherfahrung gesammelt hatte, gab mir der NDR bei einem meiner Aufenthalte in Hamburg eine kleine 16-mm-Filmkamera mit auf die Reise, eine Canon Scoopic, die ich leicht in meiner Umhängetasche der Lufthansa unterbringen konnte, während ein komplettes Fernsehteam in der Regel mit Kisten und Koffern reiste und permanent Probleme bei der Zollabfertigung hatte. Da die Kamera keinen Ton aufnehmen konnte, drehte ich zunächst die Bilder, nahm dann mit einem Kassettenrekorder die akustische Atmosphäre auf, schrieb und sprach anschließend den Kommentar und schickte Film, Kassette und Manuskript mit Schneideanweisung in einem Plastikbeutel nach Deutschland, wo die Materialien dann im Schneideraum zusammengeführt wurden. Denn in Abidjan gab es weder Entwicklungs- noch Schnittmöglichkeiten.

Mit diesem Zulieferungsverfahren feierte ich Triumphe und erlitt Niederlagen. Als die deutsche Delegation in Yaoundé, Kamerun, das zweite Assoziierungsabkommen mit Afrika unterzeichnete, erklärte sie sich bereit, mein Material in der Regierungsmaschine mit nach Deutschland zu nehmen. Das Yaoundé-Abkommen gewährte achtzehn Staaten des frankophonen Afrikas einen weitgehend zollfreien Zugang zu den Märkten der Europäischen Wirtschaftsgemeinschaft (EWG), aus der später die heutige EU hervorgegangen ist. Außerdem sagte das Vertragswerk den Afrikanern Mittel für die finanzielle und technische Zusammenarbeit mit Europa zu. Vierundzwanzig Stunden später teilte mir die *Tagesschau* mit, sie habe mit dem Bericht alle Nachrichtenagenturen geschlagen. Mitunter kam das Material aber auch erst so spät an, dass es nicht mehr aktuell war. Manchmal kam es auch gar nicht an, sondern blieb irgendwo auf der Strecke liegen.

In Afrika erzählt man sich viele Geschichten. Das ist Tradition. Ich lernte damals in Ghana einen britischen Arzt kennen, der lange in den Tropen gelebt hatte und der viel von Afrika verstand. Der berichtete mir folgende Geschichte: Ein befreundeter Afrikaner kam zu ihm, sagte, er müsse sterben und wolle sich von dem Arzt verabschieden. »Wieso, was ist denn los?«, fragte der Arzt. Der Freund erwiderte: »Ich habe gegen ein Amulett, einen heiligen Gegenstand der afrikanischen Familien, verstoßen, und ich wollte dich noch ein letztes Mal sehen, weil ich morgen früh tot sein werde.« Darauf der Arzt: »Das wird nicht passieren. Du stehst ab sofort unter meinem persönlichen Schutz.« Der Arzt hat ihn in ein Zimmer eingeschlossen und einen Mann zur Bewachung davorgesetzt. Keiner durfte das Zimmer betreten. Am nächsten Morgen war der Freund tot. War er krank? War es ein Fall von Autosuggestion? Hatte man ihn vergiftet? Der Arzt wusste es nicht: »Vor solchen Überraschungen steht man eben als Europäer immer wieder.«

Eigentlich war ich nach Afrika gegangen, um genau solche kulturellen Unterschiede zu studieren. Um zu sehen, wie Menschen, die unter ganz anderen Bedingungen leben als wir Europäer, damit fertigwerden. Aber die Wirklichkeit sah anders aus. In Nigeria tobte ein Bürgerkrieg, sodass meine ersten Pflichten die eines Kriegsberichterstatters waren.

Seit der Unabhängigkeit Nigerias im Jahr 1960 hatte es immer wieder Schwierigkeiten zwischen der Zentralregierung in der Hauptstadt Lagos und der Süd-Ost-Region des Landes gegeben, der Provinz Biafra, wo die Masse des Igbo-Volkes zu Hause war. Es ging um das Erdöl, das man im Nigerdelta gefunden hatte, um die Dominanz der Muslime im Norden, um Stammesinteressen der Igbo ganz allgemein. Am 15. Januar 1966 putschten Igbo-Offiziere gegen die zentrale Staatsgewalt, die sich mit einem Gegenputsch im Juli 1966 wieder gegen die Separatisten durchsetzte. Bei Pogromen kamen Zehntausende von Menschen ums Leben. Ein Jahr später erklärte der Igbo-General Chukwuemeka Ojukwu die Süd-Ost-Region Nigerias für unabhängig und nannte sie »Biafra«. Für Lagos war das zugleich die Kriegserklärung.

Wie oft ich auf der einen oder anderen Seite im Fronteinsatz war, weiß ich nicht mehr. Sich den nigerianischen Federals, den Bundestruppen, anzuschließen, war relativ einfach. Es gab Presseoffiziere, die Journalisten ungewöhnlich freundlich behandelten. Denn die Zentralregierung brauchte Erfolgsnachrichten. Das abtrünnige Biafra hingegen konnte man nur mit einem Versorgungsflugzeug des Roten Kreuzes erreichen, das von Cotonou, der damaligen Hauptstadt des

Königreichs Dahomey (dem heutigen Benin), oder dem Inselstaat São Tomé aus startete. Um den Nigerianern und ihren Flakgeschützen und Jagdflugzeugen kein allzu leichtes Ziel zu bieten, flogen die Versorgungsmaschinen in der Regel nachts in die abtrünnige Provinz. Ich erinnere mich an einen Nachtflug, der noch dadurch erschwert wurde, dass ein Gewitter mit schweren Sturmböen niederging. Es gab keinen elektrischen Strom für die Beleuchtung der Landebahn. Man hatte nur ein paar Ölfunzeln anstecken können, sodass der Pilot praktisch im Blindflug landen musste. Viermal versuchte er es vergeblich, beim fünften Mal klappte es dann – eine vorbildliche fliegerische Leistung.

Kinder mit eingefallenen Wangen, aufgeblähten Bäuchen und leeren Blicken – das sind die Bilder, die sich mir im Zusammenhang mit Biafra eingebrannt haben. Was mich zunächst erschütterte, war die Tatsache, dass Biafra zwar in der Welt viel Unterstützung fand, auf dem eigenen Kontinent – mit wenigen Ausnahmen – aber alleine dastand. Erst später wurde mir klar, dass – abgesehen von Nigeria – noch viele andere Staaten ihr potenzielles Biafra-Szenario hatten: Lossagen von der zentralen Staatsgewalt, ein eigenes Territorium, Ausbeutung der eigenen Bodenschätze. Deshalb begrüßten so viele afrikanische Staatschefs das Ende des Biafra-Kriegs im Jahr 1970 durch Kapitulation. Dabei hatte Ojukwu erklärt, Biafra sei »Afrikas erster wirklich unabhängiger Staat«.

Die meisten ehemaligen Kolonien in Afrika waren 1960 von ihren Kolonialherren in die Unabhängigkeit entlassen worden. Die Prognosen für diese jungen Staaten waren positiv, zum Teil enthusiastisch. Man glaubte, nicht alle würden den Weg der alten Industrienationen gehen. Es würde eigene politische Entwicklungen geben, so, wie Tansanias Staatschef

Julius Nyerere den Begriff der afrikanischen Demokratie definiert hat: *»We sit under a tree and discuss until we agree.«* (»Wir sitzen unter einem Baum und diskutieren, bis wir uns einig sind.«)

Leider kam es ganz anders. Demokratisch gewählte Regierungen wurden vom eigenen Militär entmachtet. Auf den Putsch folgte der Gegenputsch. Die Entwicklungshilfe, die von den Industrienationen zur Verfügung gestellt wurde, versickerte in finsteren Kanälen. Langsam gewann die Auffassung Oberhand, dass die jungen Staaten von ihren alten Kolonialherren denkbar ungenügend auf den Weg in die Freiheit vorbereitet worden waren, dass man Entwicklungsperioden nicht einfach überspringen konnte, dass es nicht Jahre, sondern Jahrzehnte dauern würde, bis Afrika in der Weltwirtschaft den ihm gebührenden Platz einnehmen würde.

Als Hörfunkkorrespondent mit Sitz in Abidjan war ich für die Berichterstattung aus einundzwanzig Ländern in West- und Zentralafrika zuständig. Abgesehen von Biafra und Nigeria habe ich mich viel um die Demokratische Republik Kongo gekümmert. Damals hieß sie noch Zaire (seit 1971), davor Belgisch-Kongo. Staatschef war zu meiner Zeit Mobutu Sese Seko, der als Zeichen seiner Macht gerne eine Leopardenfellmütze trug. Die Demokratische Republik Kongo ist der größte Staat in Schwarzafrika und wohl auch der reichste. Das Land ist bis heute nie wirklich zur Ruhe gekommen. Eine Diktatur löste die andere ab. Es gab immer kriegerische Auseinandersetzungen, wenn nicht im Lande selbst, dann in den Grenzgebieten. Prominentestes Opfer könnte der schwedische UNO-Generalsekretär Dag Hammarskjöld gewesen sein, der 1961 als Schlichter im Sezessionskrieg im Kongo unterwegs war und mit seinem Flugzeug über Nordrhodesien abstürzte. Die Umstände dieses Absturzes sind bis heute nicht völlig geklärt.

Mobutu war dafür bekannt, dass er bei längeren Auslandsaufenthalten seine wichtigsten politischen Opponenten vorsorglich mit auf die Reise nahm. Auf diese Weise hoffte er, gegen Putschversuche in seiner Abwesenheit gefeit zu sein. Das System hat zweiunddreißig Jahre lang funktioniert, bis er von Aufständischen 1997 aus dem Amt gejagt wurde und ins Exil ging. Übrigens war Mobutu, seiner Ausbildung nach, Journalist. Offenbar schützt der meiner Meinung nach schönste Beruf der Welt also nicht davor, sich auf diktatorische Abwege zu begeben.

Ein anderes Thema, das mich kurzfristig sehr beschäftigte, war der westliche Nachbar der Elfenbeinküste, die Republik Guinea. Dort herrschte ein anderer Diktator, Ahmed Sékou Touré, der von einem Tag auf den anderen beschloss, dem alten Kolonialregime Frankreich und dessen Partnern die Freundschaft aufzukündigen. Es gab Hunderte von Verhaftungen, darunter waren auch zweiundzwanzig Europäer. In tagelangen Redeschlachten im Stadion von Conakry, der Hauptstadt, tobte Sekou Touré gegen den Kolonialismus und den Imperialismus. Eine Art Volkstribunal verurteilte dann neunzig Angeklagte zum Tode oder zu hohen Gefängnisstrafen. Weil sich darunter auch zwei deutsche Entwicklungshelfer befanden, hatte das Thema im Auswärtigen Amt in Bonn natürlich höchste Priorität, ganz zu schweigen von den eigenen Redaktionen, die täglich mehrfach über den neuesten Stand informiert werden wollten. Das war aber sehr schwierig, weil ich nicht nach Guinea einreisen durfte und es kaum eine eigene Agenturberichterstattung gab. Alle waren auf eine Quelle angewiesen: den Rundfunk in Conakry, der den Schauprozess in allen Phasen live übertrug. Zwar hatte ich mich ganz gut an das afrikanische Französisch gewöhnt. Aber was überall in Guinea technisch einwandfrei zu verstehen war, kam in der Elfenbeinküste und den anderen umliegenden Staaten nur mit einem starken »Fading« an. Wegen der eingeschränkten Übertragungsqualität auf Kurzwelle verstand man nur etwa jedes dritte Wort. Den Rest musste man sich zusammenreimen. Weil vier Ohren mehr hören als zwei, schickte die deutsche Botschaft in Abidjan einen jungen Diplomaten in die Rue des Citronniers, und nun versuchten wir gemeinsam, das verzerrte Französisch zu Papier zu bringen. Soweit ich weiß, war das der einzige Fall in meiner Karriere, in dem meine Rundfunkmanuskripte zugleich auf einem Redaktionsschreibtisch und einem Behördenschreibtisch landeten.

Mein Kurzwellenempfänger war für uns der Draht zur Welt, beruflich und privat. Ich gewöhnte mich sehr schnell daran, täglich *Focus on Africa* zu hören, eine Magazinsendung der BBC in englischer Sprache, die einem die afrikanischen Tagesaktualitäten frei Haus lieferte, überall in Afrika in guter technischer Qualität. Wenn die Erkennungsmelodie erklang, wussten die Kinder ganz genau: »Jetzt dürfen wir Papa nicht stören.«

Am Abend der Mondlandung, am 20. Juli 1969, spielte der Kurzwellenempfänger die Hauptrolle. Wir hatten uns mit Bekannten auf unserer Terrasse versammelt, der Mond stand direkt über dem Haus. Adele, damals vier Jahre alt, war ganz aufgeregt und stellte hundert Fragen: »Warum kann man die Männer jetzt auf dem Mond gar nicht sehen? Wie sind die denn da hingekommen?«

»Mit einem großen Flugzeug.«

»War das das Flugzeug, das ich heute gesehen habe? Ich will die Männer auf dem Mond aber auch sehen.«

»Wir kaufen morgen eine Zeitung, da ist vielleicht schon ein Bild von den Männern auf dem Mond drin.«

»Wo hat die Zeitung denn die Bilder her?«

»Die schicken die Männer vom Mond runter.«

Und dann, nach einer ganzen Weile: »Gibt es denn auf dem Mond auch eine Post, damit sie die Bilder wegschicken können? Ich will aber nicht auf den Mond fliegen, das ist mir zu weit. Warum sind denn da nur weiße Männer raufgeflogen? Ist auf dem Mond auch der liebe Gott?«

Unser Hausmann Souleymane hingegen nahm das Ereignis sehr gelassen zur Kenntnis. Er sagte: »Den Mond kennen wir von klein auf. Aber wenn ihr mit euren Wundersachen aus Europa nach Afrika kommt, mit einem Kühlschrank oder einer Waschmaschine im Gepäck, das ist für uns ein viel aufregenderes Ereignis.«

Im Hotel Ivoire, einem beliebten Tummelplatz der Europäer, gab es die einzige Eisbahn Afrikas. Unsere Kinder trauten ihren Augen nicht, wenn sie durch die Fenster Menschen auf Schlittschuhen dahingleiten sahen, während sie draußen schwitzten.

Was die Reisemöglichkeiten des Korrespondenten betraf, gab es ein einigermaßen regelmäßiges, wenn auch nicht allumfassendes Flugroutennetz, das von Nigeria Airways und Ghana Airways bedient wurde. Geflogen wurde in alten Propellermaschinen wie der DC-3, die in anderen Teilen der Welt längst aus dem Verkehr gezogen waren. Aber in Afrika versahen sie noch treu und brav ihren Dienst. Freilich war man vor Überraschungen nie gefeit.

Ich erinnere mich an einen Flug nach Nairobi. Es war schon dunkel, als uns mitgeteilt wurde, es gäbe ein Problem. Es stellte sich heraus, dass der Pilot nicht sicher sein konnte, ob sein Fahrwerk für die Landung ausgefahren und eingerastet war oder nicht. Man konnte das vom Flugzeug aus nicht prüfen. Also beschloss der Captain, ein paar Ehrenrunden um den Tower des Flughafens zu fliegen, in der Hoffnung, dass die dort montierten Scheinwerfer dem Bodenpersonal anzeigen würden, ob das Fahrwerk draußen war oder nicht. Gleichzeitig wurden wir gebeten, uns auf eine Notlandung vorzubereiten. Während wir an Bord die notwendigen Anweisungen erhielten, konnten wir durch die Flugzeugfenster beobachten, wie unten auf dem Boden Feuerwehren und Ambulanzen Stellung bezogen. Ich habe selten ein so mulmiges Gefühl gehabt wie in diesem Augenblick. Dann ging alles sehr schnell. Die Maschine landete ohne Probleme. Später erfuhren wir, dass auch der Tower nicht mit letzter Sicherheit sagen konnte, ob das Fahrwerk ausgefahren war, sodass der Pilot erst im Augenblick der Landung die Gewissheit hatte: »Alles okay.«

Solche Erlebnisse waren damals keine Ausnahme. Es passiert alles, was passieren kann, wenn der Korrespondent auf Reisen ist. Das war für Barbara sicher nicht immer leicht. Und auch sie selbst hatte, während ich wochenlang unterwegs war und nicht einmal ein Lebenszeichen senden konnte, mit allen möglichen Widrigkeiten zu kämpfen: Einbruch, Krankheit, Autopanne, Ausfall von Wasser und Elektrizität. Ohne ihre Kraft, ohne ihre Angstfreiheit, ohne ihre Neugier und Fantasie hätten wir unser Leben in einer sehr viel gemächlicheren Gangart leben müssen – was wir beide ja nicht wollten.

Auch wenn wir gegen gelegentliche ruhige Auszeiten nichts einzuwenden hatten. Die in dieser Hinsicht beste Investition verdanke ich der wohlgemeinten Frage eines Kollegen: »Und was macht ihr, wenn ihr von heute auf morgen rausfliegt aus Afrika?« Zwar war das Presseklima in den meisten Ländern Afrikas relativ freundlich. Aber natürlich konnte es einem passieren, dass man als Persona non grata mitsamt der Familie auf den nächsten Flieger nach Europa gesetzt werden würde. Und dann? Wir hatten das Glück, dass Barbaras Bruder von Hamburg aus auf der Suche nach einem Wochenendhaus war. Er begann auf der Insel Sylt und landete schließlich nach langem Suchen in dem kleinen Dorf Gülden im Landkreis Lüchow-Dannenberg, gut hundert Kilometer von Hamburg entfernt. »Seid ihr mit von der Partie?«, fragte er im Hinblick auf den Investitionsbedarf für die Wiederherstellung eines sehr löchrigen Fachwerkhauses, das einst das Großknechtsgebäude eines Bauernhofs gewesen war.

Wir waren mit von der Partie und haben in den vierzig Jahren, die seit dem Erwerb vergangen sind, viel Freude an Gülden gehabt. Für die Kinder war es die zweite Heimat, ein Ort, zu dem man immer wieder zurückkehrte, egal ob die Familie in Afrika oder irgendwo in Europa lebte. Am Anfang konnten wir unsere Milch noch beim Bauern holen. Dann wurde der Kuhstall dichtgemacht. Die Schule war bereits ins Nachbardorf abgewandert. Der kleine Krämerladen, wo man auch Briefmarken kaufen konnte, machte zu. Geblieben sind die Freiwillige Feuerwehr, der Schützenverein und die Fachwerkkirche, in der bei hohen Fest- und Feiertagen auch schon einmal der Posaunenchor bläst. Gülden hat dazu beigetragen, dass Barbara eine begeisterte Gärtnerin geworden ist. Ich gestehe freimütig, dass ich immer erst gebeten werden muss, bevor ich ihr im Garten helfe. Mir fehlt leider der grüne Daumen, den sie im Lauf ihres Lebens entwickelt hat. Und auch, was die Tierwelt betrifft, sind und waren die Kinder besser bei der Mama als beim Papa aufgehoben.

Hauptsächlich spielte unser Leben sich vorerst jedoch weiter in Afrika ob. Ob es die Arbeit war, die ich als Reporter-Kameramann geleistet hatte, ob es die Tatsache war, dass das ZDF in Nairobi dabei war, unter der Leitung von Gunter Péus ein Fernsehbüro aufzubauen – ich weiß es nicht. Ich weiß nur, dass der damalige NDR-Intendant Gerhard Schröder mich eines Tages fragte, ob ich bereit sei, von Abidjan nach Nairobi umzuziehen und dort einen neuen Fernsehkorrespondentenplatz einzurichten. Ich sagte schon deshalb gerne zu, weil die Lebensbedingungen in Nairobi mit seinem trockenen Hochlandklima sehr viel einladender waren als das feucht-heiße Tropenklima der Elfenbeinküste. Hinzu kam, dass es von Nairobi direkte Flüge nach Frankfurt gab, was den Materialversand verbesserte und beschleunigte.

Nachdem die Entscheidung gefallen war, dass wir nach Nairobi umziehen würden, galt es, eine lange Liste abzuarbeiten, besonders wichtig war dabei die Auswahl eines Kameramanns und eines Assistenten. Denn mit diesen beiden Kollegen würde ich in den nächsten drei Jahren fast täglich zusammenarbeiten. Ich hatte das große Glück, in Gerd Kruse einen Kameramann zu finden, der gerade von einem Auslandseinsatz in Großbritannien zurückkehrte und deshalb fließend Englisch sprach. Als Kameraassistenten entschieden Gerd und ich uns für Axel Swoboda, der das Talent hatte, in Krisensituationen immer die Ruhe zu bewahren. Ich verdanke den beiden viel. Denn man mag ein guter Journalist sein. Aber wenn die Bilder, die Töne, das Licht nicht stimmen, hat man beim Fernsehen schlechte Karten.

Die technische Ausrüstung musste zusammengetragen, ein geeignetes Haus in Nairobi gefunden und der Korrespondentenplatz in Abidjan an den Nachfolger übergeben werden. Es gab viel zu tun. Im Hamburger Bernhard-Nocht-Institut für Tropenmedizin holten wir uns neue Impfungen ab, und für den Hochland-Winter in Nairobi kauften wir einige warme Sachen ein.

Im Juni 1971 wurde in Hamburg auch unser drittes Kind geboren, Till Florian, genannt Floti. In der Hansestadt hatten wir vorübergehend eine möblierte Wohnung gemietet. Sebastian ging in einen französischen Kindergarten, Adele in eine deutsche Grundschule. Die beiden waren fasziniert von Errungenschaften des deutschen Alltags, die ihnen bisher verwehrt gewesen waren: Spielplätze, Kaugummiautomaten, Fernsehen. Das neue Baby nahmen sie durchaus wohlwollend auf. Barbara und ich freuten uns über das Wiedersehen mit Verwandten und Freunden, stellten aber unsere Entscheidung, wieder nach Afrika zu gehen, nie infrage.

Ein Studio in Nairobi

Nach sechs Monaten in der Heimat packten wir also wieder unsere Siebensachen, nahmen Abschied, klemmten den zwölf Wochen alten Florian unter den Arm und bestiegen ein Flugzeug Richtung Ostafrika.

Ich hatte in Nairobi ein Haus gefunden und eine *aya*, so heißen die Kindermädchen in Kenia, namens Anna Wambui. Sie kam und hob den kleinen blonden Florian aus seinem Kinderwagen heraus. Wir hielten alle die Luft an, aber er lächelte sie freundlich an. Es war Liebe auf den ersten Blick bei den beiden. Und Anna hat sich sehr liebevoll die fünf Jahre, die wir dann in Kenia blieben, um ihn und seine Geschwister gekümmert. Sie ist natürlich auch die sprachliche Lehrmeisterin für ihn gewesen, sodass er ein paar Worte Kikuyu (eine Bantusprache), ein paar Worte Englisch und Swahili beherrschte. Wir sprachen mit ihm Deutsch. Es muss ein ziemliches Kauderwelsch gewesen sein, in dem er aufgewachsen ist: Später, wenn er da so auf dem Boden saß und mit den afrikanischen Angestellten und deren Anhang in uns unverständlichen Sprachen palaverte, nannten sie ihn den »Mzungu«, was so viel hieß wie »der Weiße«.

Wir lebten in einem möblierten englischen Kolonialhaus in

der Girouard Road mit einem riesigen Garten, in dem die Kinder stundenlang Entdecker spielen oder in den majestätisch alten Mangobaum klettern konnten. Das Anwesen war relativ zentral gelegen und groß genug, um das Korrespondentenbüro in das Wohnhaus zu integrieren. Nairobi war zu der Zeit noch nicht so dicht besiedelt wie heute.

Unsere Nachbarin, Ellen Dorman, Grande Dame der Kaffeeproduzenten, erzählte, dass sich noch vor Jahren ein Löwe in unseren Garten verirrt hatte. Wir haben keinen Löwen gesichtet, aber Affenherden, Paviane, die bisweilen durch den Garten stoben und unheimlichen Krach machten. Im Übrigen haben wir uns relativ schnell eine ganze Palette eigener Haustiere zugelegt, unter anderem einen jungen Hund namens Kuni, ein großer brauner Rhodesian Ridgeback, der dann auf uns aufgepasst hat. Die Kinder, insbesondere Adele, waren zunächst nicht so begeistert, weil sie eine panische Angst vor Hunden hatte. Aber Wachhunde waren in den großen Häusern der Europäer in Kenia eine Selbstverständlichkeit. Irgendwann hatten sich alle an Kuni gewöhnt. Sie ließ sich von den Kindern, insbesondere von Floti, alles gefallen. Sie ist ein richtiger Kinderhund geworden, den auch Adele akzeptieren konnte. Und es kamen sogar im Lauf der Zeit noch einige Tiere hinzu. Barbara erinnert sich:

Von Hildebrands haben wir ein riesiges Kaninchen (weiß mit rosa Augen) geschenkt bekommen, das die Kinder sogar ziemlich selbstständig versorgen. Christian Herrendörfer… hat uns zum Abschied und als Dank einen Graupapagei versprochen, den Axel wohl nächste Woche kaufen wird. Bislang waren sie immer ausverkauft. Wäffi ist schon sehr gespannt auf das Untier und will sich mit ihm unterhalten.

Kuni hat das Tierheim dieses Mal viel besser überstanden und ist frisch und munter. Wäffi verwöhnt sie nach Strich und Faden und besorgt immerzu etwas zu essen für sie. Gestern ist Floti zum Karnickel in den Stall gekrochen und wollte es streicheln. Ich sah zufällig, wie er es packte und das Vieh wie verrückt zappelte. Später kam er dann an und beklagte sich: »Katze böse«; er sagt zu ihm »Katze«. Sonst ist jedes zweite Wort nein, nein.

In Nairobi war ich nun für die Fernsehberichterstattung der ARD aus allen Staaten südlich der Sahara zuständig. Das waren fünfzig Länder, ein ganzes Weltreich. In Abidjan hatte mich ein neuer Hörfunkkorrespondent beerbt, in Nairobi saß zusätzlich der ARD-Hörfunkkorrespondent Ostafrika, Klaus Stiebler. Und es gab immer einen Hörfunkkorrespondenten Südafrika, der später auch bald Fernsehaufgaben mit übernahm, weil das Berichtsgebiet für einen Korrespondenten allein einfach zu groß war.

Leider machte Afrika weiterhin vor allem durch Krisen von sich reden. Aber es gab auch andere Seiten: das alte Afrika, wie es die Entdeckungsreisenden beschrieben hatten, das sich wandelnde Afrika, das moderne Afrika. Keine Frage: In den aktuellen Sendungen wie der *Tagesschau* konnte man mit solchen Themen, die Zeit brauchen, nicht landen. Aber irgendwann fragte das Vorabendprogramm von Hamburg aus an, ob wir uns an einer neuen Programmleiste von fünfundzwanzig Minuten Sendezeit beteiligen wollten. Vorbild sei das Magazin *New York, New York*, das der Kollege Werner Baecker entwickelt hatte und das in der ARD als Modell für gelungene journalistische Unterhaltung galt. Wir sagten gerne zu und drehten dann Reportagen in Äthiopien über die Felsenkirchen von

Lalibela, in Niger, mitten in der Sahara, über die Urangewinnung, in Südafrika über die Apartheidpolitik am Beispiel von KwaZulu (einem Homeland im Osten Südafrikas für die Zulus), um nur drei Beispiele zu nennen.

Eine der schönsten Geschichten filmten wir während der Dau-Saison im Hafen von Mombasa. Im Frühjahr kamen arabische Händler mit ihren aus Holz gefertigten Segelschiffen dort an, mit Waren aus ihrer Heimat, um dann die afrikanische Küste hinunterzusegeln. Sie blieben, bis die Winde umsprangen, dann fuhren sie, nun beladen mit afrikanischen Gütern, vor allem Bauholz, wieder zurück Richtung Norden. Einer der arabischen Schiffsführer war einem kenianischen Zollbeamten wegen seines ungewöhnlichen Leibesumfangs aufgefallen. Der Zöllner wickelte den Mann zu dessen Entsetzen vor laufender Kamera aus und stellte fest, dass er unter seinem weißen Burnus einen schönen persischen Teppich getragen hatte, mit Sicherheit für irgendeinen illegalen Handel bestimmt.

Solche Geschichten waren uns hochwillkommen. Denn Afrika war und ist nicht ausschließlich ein Krisenkontinent, in dem Mord und Totschlag herrschen. Die Schönheit, die dieser Kontinent zu bieten hat, ist mitunter atemberaubend. In Nairobi saßen wir quasi an der Quelle. Wenn es die aktuelle Lage erlaubte, gingen wir mit Freunden zusammen auf Safari und lernten Ostafrika mit seinen unendlich weiten Landschaften, den erloschenen Vulkanen und Seen, der Vielfalt an Pflanzen und Tieren kennen.

Es gab und gibt in Kenia und auch in Tansania Lodges, die gut bewirtschaftet, aber ziemlich teuer waren. Wir bevorzugten in der Regel Zeltsafaris, bei denen man bei der Wahl des Platzes relativ frei war. Man hatte dann zwar keinen Swimmingpool vor der Tür, aber ein Panorama, wie es vermutlich schon vor 1000 Jahren ausgesehen hatte: Herden von Tieren, die an uns vorbeizogen, ohne uns zur Kenntnis zu nehmen. Manchmal konnte man auch Einzelgänger beobachten, die sich von der Herde entfernt hatten. Ein besonderes Erlebnis war es jedes Mal, wenn man einen Löwen, einen Leoparden oder Geparden zu Gesicht bekam. Wir lernten dann bald am Verhalten und am Leibesumfang der Tiere einzuschätzen, ob sie sich auf der Jagd befanden oder ob sie eher einen Verdauungsspaziergang machten. Oft erblickte man, wenn man früh den Kopf aus dem Zelt streckte, den schneebedeckten Kilimandscharo oder den Mount Kenya am Horizont. Im Lauf des Tages verschwanden die Gipfel dann oft im Dunst.

In der Regel machte man mit dem Wagen einen »*game run*« am Morgen und einen zweiten »*game run*« am Nachmittag. Man konnte dann an den Staubwolken, die von den vielen Safari-Fahrzeugen ausgelöst wurden, erkennen, wo vermutlich ein besonders seltenes Tier gesichtet worden war, zum Beispiel ein Nashorn. Wir haben miterleben müssen, wie in unseren Jahren in Afrika die Population der Nashörner und Elefanten durch Wilderer dramatisch zurückging. Und das alles, weil man irgendwo in Asien behauptet, das Horn des Tieres sei ein hochwirksames Aphrodisiakum und helfe gegen Fieber.

Auch wenn wir gelegentlich dreimal am Tag den Reifen wechseln mussten wegen der Dornbüsche, auch wenn die Mittagshitze oft unerträglich war: Nach einem guten Abendbrot am Lagerfeuer vor dem Zelt zu sitzen und in die tiefe Nacht zu schauen und ihre Geräusche zu hören, gehört für mich – und wahrscheinlich für die ganze Familie – zu den schönsten gemeinsamen Erfahrungen unseres Lebens.

Doch zurück zum afrikanischen Alltag. Ein Thema, das mich in all den Jahren als Korrespondent dieses Kontinents begleitet hat, war Rhodesien, das heutige Simbabwe. Dort versuchte ein weißes Regime unter Ian Smith, gegen den Strom der Zeit zu steuern, mit zunehmend hohen Opfern auf beiden Seiten, den Regierungstruppen auf der einen und den von anderen afrikanischen Ländern unterstützten »Freiheitskämpfern« auf der anderen Seite. Die Isolation des Landes war so weit fortgeschritten, dass ich meiner Berichterstattungspflicht nur nachkommen konnte, indem ich von Nairobi aus an der Hauptstadt Salisbury vorbei nach Johannesburg flog und dort umstieg in eine Maschine, die mich von Südafrika nach Rhodesien brachte. Denn die weißen Regime kooperierten miteinander; alle direkten Flüge von afrikanischen Ländern, die keine weißen Regierungen hatten, waren eingestellt. Obwohl ich mir sehr viel Mühe gab, mir ein halbwegs korrektes Bild von der Lage und Stimmung im Land zu machen, fand ich es schwierig zu unterscheiden, was ist Propaganda, was Realität. Je näher das Ende des weißen Regimes rückte, desto rabiater verhielt es sich. So wurde Rhodesien zu dem einzigen Land, das mir meine Aufenthaltsgenehmigung entzog. Zu den führenden Köpfen der Unabhängigkeitsbewegung, Joshua Nkomo, Bischof Abel Muzorewa und Robert Mugabe, hielt ich Kontakt. Und es gehört zu meinen großen Enttäuschungen, erleben zu müssen, wie später das unabhängige Simbabwe unter der Führung Mugabes eine politische und wirtschaftliche Talfahrt ohnegleichen erlebte.

In Südafrika, der Hochburg der Apartheid, habe ich solche Erfahrungen nie gemacht. Ich durfte immer einreisen und besaß ein ständiges Visum. Allerdings bin ich ein- oder zweimal ins Informationsministerium gebeten worden und musste dort Stellung nehmen zu irgendwelchen Dingen, die ich in meinen Berichten für das deutsche Fernsehen behauptet oder beschrieben hatte. Bei der Gelegenheit merkte man, dass es in Deutschland eine relativ große Lobby gab, die genau verfolgte, was dieser Korrespondent denn da so in Afrika trieb.

Es rumorte unentwegt im südlichen Afrika, sodass ich meinen Korrespondentenplatz eigentlich dorthin hätte verlegen müssen. Es war die Zeit angebrochen, wo man sagte, es wird nicht mehr lange gut gehen. Das war auch an der Auswanderung festzustellen, so gab es eine große Abwanderung von Südafrika unter anderem nach Israel, und ich erwartete, dass es, abgesehen von dem Schwarz-Weiß-Konflikt, vor allem auch Auseinandersetzungen zwischen den Zulu und den Xhosa geben würde. Diese beiden Volksgruppen waren sich überhaupt nicht grün. *Kap der Stürme* war der Titel des Buchs, das ich nach meiner Afrikazeit darüber geschrieben habe. Und ich habe eine Sendereihe gemacht, in der ich die Geschichte der südafrikanischen Besiedlung erzähle und versucht habe zu beschreiben, wie sich die Entwicklung mit den diversen Schauprozessen zugespitzt hat. Dass die Apartheid in Südafrika so friedlich enden würde, wie es dann geschehen ist, habe ich nie zu hoffen gewagt und nicht vorhergesehen. Das ist wohl vor allem dem politischen Ausnahmetalent Nelson Mandelas zu verdanken, den ich leider persönlich nie erlebt habe. Er war sowohl von den schwarzen Südafrikanern als auch von der weißen Minderheit als Vermittler akzeptiert, eine Rolle, die wirklich nur er ausfüllen konnte.

Im Frühjahr 1972 fanden in Burundi und Ruanda plötzlich unfassbare Massenmorde statt. Rund 100 000 bis 150 000 Hutus wurden nach einem Putschversuch Opfer eines Völkermords durch die Tutsi-Armee. In der internationalen Gemeinschaft herrschte helle Aufregung. Es gelang uns, in einem Flüchtlingslager, das im Grenzgebiet von Tansania und Burundi lag, ein paar Bilder zu drehen. Aber die Redaktionen zu Hause wollten mehr. Als uns Burundi dann die Einreise in die Hauptstadt Bujumbura gestattete, war eine Woche vergangen. Burundis damaliger Staatschef, Oberst Michel Micombero, empfing uns zu einem Interview. Ich erinnere mich daran, wie wir in einem Hubschrauber den Victoriasee überflogen und dann wirklich Hunderte von Leichen an den Ufern entdeckten. Ich hatte noch hoch oben im Hubschrauber den Eindruck, ich müsste mir die Nase zuhalten. So stark war der Geruch.

Das war Afrika von seiner schlimmsten Seite. Wir waren von diesem Dreheinsatz nachhaltig entsetzt, und ich glaube, es war das Brutalste, das ich in meiner ganzen Korrespondentenzeit gesehen habe. Ein unglaubliches Gemetzel, mehr oder weniger aus heiterem Himmel, vor dem man fassungslos stand. Uns ging dann auch noch eine Filmrolle verloren, aber der Rest des Materials war eindrucksvoll genug, um im *Weltspiegel* einen prominenten Sendeplatz zu finden.

Durch die modernen Smartphones kann sich ein Korrespondent heute wieder mehr auf Hintergrundberichte konzentrieren. Denn bei der heutigen Kriegsführung finden sich fast immer Einheimische oder Flüchtlinge, die in der Lage sind, Bilder aus erster Hand zu machen und ins Netz zu stellen. Das befreit den Korrespondenten vom Zeitdruck und von Schlachtfeldeindrücken, die selbst hartgesottene Kriegsberichterstatter lieber meiden.

Niemand vermag mit einiger Sicherheit zu schätzen, wie viele Menschenleben Afrika seit dem Unabhängigkeitsjahr 1960 durch Kriege, Hungersnöte und Seuchen verloren hat.

Es müssen viele Millionen sein. Aber wir sollten vorsichtig sein, deshalb die Nase zu rümpfen. Der Dreißigjährige Krieg, der von 1618 bis 1648 in Europa tobte, war im Ergebnis nicht weniger brutal als das, was wir heute an Scheußlichkeiten in Afrika erleben, wenn wir zum Beispiel an die Kindersoldaten oder die Zwangsehen entführter junger Frauen denken. Weite Teile Europas sind damals entvölkert worden, was heute auch in Afrika zu beobachten ist, wo die Flüchtlingslager mittlerweile Dimensionen von Großstädten erreichen. Nicht vergessen sollte man in diesem Zusammenhang, dass die schlimmsten Menschenrechtsverletzungen, die man sich denken kann, Afrika und seinen Völkern von Arabern, Europäern und Amerikanern zugefügt worden sind. Ich meine den Sklavenhandel, der noch bis tief ins 19. Jahrhundert florierte.

Zurück ins 20. Jahrhundert. Das Wort »Planung« war in unserem Büro in Nairobi immer mit dem Vorbehalt verbunden: Es sei denn, dass etwas Aktuelles passiert. Aktualität hatte stets Vorrang. In einem solchen Fall prüfte Barbara, die schon in Abidjan meine rechte Hand gewesen war, ob es eine Flugverbindung gab, ob man ein Visum brauchte, welche Devisen sinnvoll waren, auch, ob man das gewünschte Reiseziel nicht vielleicht sogar viel schneller von Deutschland aus erreichen konnte als von Nairobi.

Eine Garantie, dass ein bestimmter Beitrag tatsächlich zustande kommen würde, konnte man erst übernehmen, wenn er schließlich beim Sender eingetroffen war. Denn zwischen dem Dreh und der Bearbeitung zu Hause lagen ja noch die vielen Unwägbarkeiten des Versands. Zwar informierten wir Deutschland sofort, wenn wir unser Material für eine bestimmte Flugnummer eingebucht hatten, aber in den seltensten Fällen gab es eine direkte Verbindung. Dann entstand automatisch das Problem der Umladung auf den Anschlussflieger. Schon zehn Minuten Verspätung konnten die Transportplanung wie ein Kartenhaus zusammenfallen lassen.

Manchmal blieb das Material auch irgendwo liegen. Besonders schmerzlich war das, als wir am Turkana-See in Kenia eine Sonnenfinsternis filmten, die wegen ihrer Dauer für die Astronomen ein wichtiges Studienobjekt war. Wir hatten buchstäblich eine Expedition mit drei Land Rovern auf die Reise geschickt und ein Flugzeug gechartert, das den Filmbeutel aus der Steppe nach Nairobi bringen sollte. In der *Tagesschau* war ein Sonderbericht vorgesehen. Aber irgendwo ging das Material nach der Ankunft in Paris verloren. Wir haben es dem damaligen Frankreich-Korrespondenten Heiko Engelkes zu verdanken, dass es wiedergefunden wurde, wenn auch mit Verspätung. Er hat dann aus dem Material noch einen Beitrag geschnitten, der von Paris nach Hamburg überspielt wurde und von dort gesendet werden konnte.

Korrespondenten wie Heiko Engelkes, Peter Scholl-Latour oder Gerd Ruge waren nicht nur ausgewiesene Experten für die Regionen, aus denen sie berichteten. Sie waren in der Regel auch gern bereit, von ihrem großen Wissen etwas an den Kollegen abzugeben, der aus einer anderen Region angereist kam, wenn eine Verstärkung erforderlich war, zum Beispiel bei einem unerwarteten Kriegsausbruch. Ich habe von dem Fachwissen der Kollegen immer wieder dankbar Gebrauch gemacht.

Natürlich hatte diese ganz der Aktualität vorbehaltene Arbeitsweise auch Rückwirkungen auf unser Privatleben. Barbara schrieb an ihre Eltern: »Floti wird mit seinem Geburtstag wohl in den Mond gucken. Aber ohne Vater können wir nicht feiern. Langsam denken die Leute, wir haben keinen. Wenn der Rolf sich am Telefon meldet, erschrecken die Nairobianer schon, weil niemand mit ihm rechnet.«

Tatsächlich verbrachte ich mein halbes Leben im Flieger oder auf dem Flughafen. Eine Reise ins westafrikanische Guinea-Bissau war in dieser Hinsicht besonders einprägsam. Von Afrika aus war das Land gar nicht zu erreichen. Man flog nach Rom, weiter nach Lissabon, von dort gab es einen Flug pro Woche nach Guinea-Bissau. Guinea-Bissau war damals eine der drei noch bestehenden portugiesischen Kolonien. Es war ein relativ kleines Land, ganz umgeben von bereits unabhängigen Staaten, ein Land, das sehr schwer zu beherrschen war, weil es nur aus Urwald bestand. Trotzdem behaupteten die Portugiesen, sie seien so beliebt bei der Bevölkerung, dass sie im Grunde gar keine Soldaten dort bräuchten. Und jeder Journalist könnte gerne jederzeit jeden Ort aufsuchen, um sich von der Wahrhaftigkeit dieser Behauptung zu überzeugen. Wir machten also die Probe aufs Exempel und gewannen doch den Eindruck, dass vieles inszeniert war, obgleich sehr geschickt, dank des uns begleitenden portugiesischen Presseoffiziers Otelo Saraiva de Carvalho. Sein Vorgesetzter, General António de Spínola, lud mich zu einem langen Gespräch in den Gouverneurspalast ein. Er zeigte sich dabei so gut über afrikanische Entwicklungen informiert, dass ich mich die ganze Zeit gefragt habe: Was tut ein solcher Mann im entferntesten Winkel eines Kolonialreichs, das letztendlich doch zum Untergang verurteilt ist? Nur Monate später erhielt ich eine völlig unerwartete Antwort. Die Portugiesen gingen auf die Straße, um ihre Nelkenrevolution zu feiern. Endlich eine demokratische Verfassung – das konnte nur bedeuten, dass auch die portugiesischen Kolonien in Afrika ihren eigenen Weg gehen würden: Guinea-Bissau und Angola an der Westküste, Mosambik an der Ostküste. Jeder Tag brachte neue Überraschungen. Wir lasen, dass unser Presseoffizier Otelo Saraiva de Carvalho der geheime Chefstratege der Revolution gewesen war. Und General António de Spínola wurde der erste Staatspräsident des neuen Portugal.

Während meiner unentwegten Reiserei hielt Barbara das Basislager Nairobi am Laufen und machte sich, es war das Jahr 1974, ganz andere Gedanken:

> *Morgens unterhält uns Floti (2) im Wesentlichen, und ich habe beschlossen, dass er nach dem Sommerurlaub in den Kindergarten kommt. Das Büro ist nicht mehr sicher vor ihm: Er reißt Telexstreifen kaputt, klaut Scheren und Stifte und tut, als ob es selbstverständlich sei. Pascha (mein Spitzname in der Familie) ist auch nicht gerade eine Arbeitserleichterung, wenn er immer nur schnell mal durchkommt und frische Hemden haben will. Die Katze (das weiße Kaninchen) rennt immerzu weg, tief in eine Hecke hinein, sodass wir es aufgegeben haben, sie jeden Abend wieder in den Stall zu bugsieren. Jocki, der Graupapagei, sitzt auf dem Kronleuchter, unerreichbar, und Hund Kuni markiert sämtliche Teppiche mit ihren roten Pfoten, denn es regnet nun jeden Tag und überall klebt die afrikanische Erde. Immerhin hat Kuni keinen Nachwuchs ausgebrütet, wofür ich doch sehr dankbar bin. Wenn wir Ostern hierbleiben, müssen wir wohl in diesem Jahr die Schokoladenostereier selber machen, denn es gibt sozusagen nichts. Luxusgüter gibt es nicht mehr wegen Einfuhrstopp. Denn die Devisen*

müssen für das Öl ausgegeben werden. Gott sei Dank sind Hühner kein Luxus, und die legen sogar noch Eier. Wäffi (7) malt ununterbrochen welche an, und damit der Vorrat an Eiern nicht ausgeht, essen wir Rührei und Rührei und Rührei. Der Kamin flackert jeden Abend, wenn auch das Holz meistens nass ist. Aber das macht nichts. Meine schönen Sommerkleider, die der Pascha mir aus Hamburg mitgebracht hat, hängen im Schrank, weil es recht kühl ist. Die ziehe ich dann wieder in Deutschland an.

Ein Staatschef, der in unseren Jahren in Afrika besonders viel von sich reden machte, war Idi Amin, der Präsident von Uganda. Mit kindlicher Freude konnte er Menschen zum besten Freund erklären und mit Geschenken überhäufen, um sie am nächsten Tag als Feind auf grässliche Weise zu Tode zu foltern. Der Diktator liebte es, seine Macht zur Schau zu stellen.

Eine seiner ersten Amtshandlungen, nachdem er sich zum Staatschef hochgeputscht hatte, sah er darin, einen Staatsbesuch in Deutschland zu machen. Weil ihm das wichtig war, empfing er uns in seinem Amtssitz in Uganda. Ich fragte ihn, woran ihm denn gelegen sei, wenn er zum Staatsbesuch nach Deutschland reiste. Er wollte einen Kranz niederlegen an einem Kriegerdenkmal. Das tat er dann wohl auch, als er Deutschland 1972 besuchte. Eine andere Überlegung Idi Amins kam in Bonn nicht so gut an. Der Diktator ließ verlauten, er habe vor, dem deutschen »Führer« Adolf Hitler ein Denkmal am Ufer des Victoriasees zu errichten. Zum Glück ist daraus nie etwas geworden.

Das Problem mit Idi Amin war später, dass wir ihn immer mal wieder bei Sitzungen der OAU (Organisation für Afrikanische Einheit) trafen und er immer nach Gerd Ausschau hielt.

Mein Kameramann hatte hellblonde Haare. Idi Amin hatte ihn in sein Herz geschlossen, eine durchaus einseitige und gefährliche Vorliebe. Wir wohnten in Addis Abeba stets im Hilton Hotel, wo die afrikanischen Staatschefs auch abstiegen. Man hatte deshalb Kontakt mit ihm. Idi Amin suchte Gerd vor allem, wenn er eine Runde im Hotelpool schwimmen wollte. Denn der dicke, laute Amin fand es ausgesprochen spaßig, Gerd mit seiner ganzen Körperkraft unterzutauchen und ihm dann unter großem Gelächter zuzuschauen, wenn er nach Luft rang. Gerd fand das nicht so spaßig, weshalb wir Amin schließlich aus dem Weg gegangen sind.

Das Regime des »Schlächters von Afrika« – wie Amin auch genannt wurde – fand 1979 durch die Invasion eines militärischen Bündnisses ein Ende. Der Diktator flüchtete nach Libyen, danach in den Irak und schließlich nach Saudi-Arabien, wo er 2003 verstarb.

Eine andere kuriose Erscheinung auf diesen Tagungen war der ehemalige Kolonialsoldat Jean-Bédel Bokassa, Diktator der Zentralafrikanischen Republik, der sich 1976 selbst zum Kaiser krönte. Genau genommen war er fortan »Seine Kaiserliche Majestät Bokassa der Erste, Kaiser von Zentralafrika durch den Willen des Zentralafrikanischen Volkes, vereinigt in der nationalen politischen Partei, der MESAN«. Er war eigentlich ein kleiner Mann und ließ sich Jacken schneidern, die fast bis auf den Boden gingen und eher wie Mäntel aussahen, damit er seine vielen Orden, die er sich eigenmächtig verlieh oder sich verleihen ließ, zur Schau stellen konnte.

Haile Selassie dagegen, der amharische Kaiser von Äthiopien, war eine ganz andere Erscheinung. Der kleine, feingliedrige »König der Könige« genoss Achtung in aller Welt. Sein Stammbaum ließ sich auf die biblische Königin von Saba zurückführen, und er unterhielt enge Kontakte zu den Kolonialmächten. Er hatte sein Land schon 1931 in eine konstitutionelle Monarchie umgewandelt, wenngleich er auch ohne Opposition regierte. Von den eigenen Bauern und den Rastafaris wurde er verehrt wie ein Gott. Er hatte eine magische Ausstrahlung, einen durchdringenden Blick und wirkte bescheiden, obwohl er natürlich auch einen umfangreichen Hofstaat unterhielt. Er musste 1974 zugunsten des kommunistischen Revolutionärs Mengistu Haile Mariam abdanken. Die Zeiten hatten sich verändert. Er wurde unter Hausarrest gestellt und 1975 ermordet. Seine Leiche galt lange Zeit als verschollen, bis man sie später eingemauert unter einer Toilette aufgefunden hat.

Addis Abeba, die Hauptstadt Äthiopiens, war der Sitz der Organisation für Afrikanische Einheit und die Zentrale der Unabhängigkeitsbewegungen. Wenn man mit einer dieser Bewegungen an die Front wollte, war Addis Abeba der richtige Treffpunkt. Ich befand mich einmal in der Situation, dass ich mit dem ZDF-Kollegen Gunter Péus ein Streichholz ziehen musste. Da ging es darum, wer mit den Aufständischen in Angola an die Front reisen durfte. Es gab nur Platz für ein Team. Gunter Péus gewann. Das war für uns natürlich eine große Enttäuschung. Aber das Schicksal hat es dann doch noch gut mit uns gemeint. Wir haben einige Kilometer hinter der Front eine ganze Reihe von Aufnahmen von zerstörten Dörfern und verwundeten Freiheitskämpfern machen können. Ein Flugzeug, das die Aufständischen mit Munition versorgte, nahm mich mit nach Kinshasa, die Hauptstadt der Demokratischen Republik Kongo. Dort bin ich umgestiegen auf eine normale Linienmaschine und war schnell in Hamburg. Ich marschierte zur *Tagesschau* und sagte: »Hier ist das Material – ganz frisch.«

Als Péus von der Front zurückkam, fragte er mein Team: »Wo ist denn Rolf?« Und dann konnte es antworten: »In Hamburg, und das Filmmaterial ist schon gesendet.« Mal gewann der eine, mal der andere …

Ein Ereignis in Nairobi, das mich kalt erwischt hat, passierte am 20. November 1974. Wir waren gerade dabei, mit der Familie und dem Büro wieder einmal umzuziehen. Wir hatten Lampen gekauft, Stühle angesehen, auch nach einem Schreibtisch für Sebastian Ausschau gehalten. Da kam uns eine Dame entgegen, die wir vom deutschen Kindergarten kannten, und erzählte ganz aufgeregt etwas von einem Flugzeugabsturz. Schlimm. Wir wussten von nichts! Ich rannte gleich los. Mein Team saß zum Glück schon im Büro. Wir haben dann alles stehen und liegen gelassen und sind zum Flughafen gerast. Eine Lufthansa-Maschine des Typs Boeing 747 war morgens gegen acht Uhr kurz nach dem Start vom Nairobi Embakasi Airport (heute Jomo Kenyatta International Airport) abgestürzt und auseinandergebrochen. Im Flughafen herrschte der Ausnahmezustand. Helfer rannten durch die Gegend, verstörte Menschen wurden versorgt, Journalisten versuchten an Informationen zu gelangen. Auf dem Rollfeld lagen zerfetzte Gepäckstücke, Verletzte wurden ins Krankenhaus gebracht, Tote geborgen. Neunundfünfzig der 157 Insassen waren ums Leben gekommen. Wir waren zu spät eingetroffen, um noch hautnah zu berichten, sind dann aber in die Krankenhäuser gefahren und haben Überlebende interviewt. Da die Lufthansa-Maschine, die normalerweise unser Material nach Deutschland flog, nun ausgefallen war, war es äußerst schwierig, das Filmmaterial nach Hamburg zu schaffen. Es gab sogar Überlegungen, gemeinsam ein großes Verkehrsflugzeug zu chartern. Denn die anderen Kollegen hatten ja das gleiche Problem. Es waren Bilder, die schockierten. Sie haben mir damals den Titel »Reporter des Satans« eingetragen. Ein Kommentator der *ZEIT* fand meine Berichterstattung wohl zu direkt und gnadenlos.

Ich selbst sah kein Problem darin, im Krankenhaus auf Verletzte zuzugehen und sie um ein kurzes Interview zu bitten, sofern sie nicht ernsthaft verletzt waren oder unter Schock standen. Die Chefredaktion der *Tagesschau* stellte sich in einem Brief vor mich und vertrat den Standpunkt, der Reporter liefert den Umständen entsprechend so gut oder so schlecht es geht vom Ort des Geschehens zu. Was gesendet wird, unterliegt ausschließlich der Entscheidung der *Tagesschau*-Redaktion.

Barbara tat derweil, was sie tun musste:

Ich bin mit Wäffi zum Nairobi Hospital gefahren, um eventuell Blut zu spenden. Aber es war nicht mehr nötig. Es war genug da, und sie brauchten das Personal für andere Dinge. Über die Ursache ist noch nichts bekannt. Morgen sollen achtzig Leute aus Deutschland kommen, um eine Untersuchung durchzuführen. Da wird der Pascha dann wieder auf Trab sein, und ich werde mich mit den Packern herumschlagen.

Ich bin oft gefragt worden: »Ist es nicht auch ein sehr gefährliches Leben, wenn man als Auslandskorrespondent arbeitet?« In Nairobi gab es zum Beispiel immer wieder den Fall, dass man abends unterwegs mit dem Auto auf der Fahrt zum Flughafen ausgebremst wurde: Ein Wagen stoppte einen von vorne, ein anderer verhinderte das Zurücksetzen, und man wurde auf diese Weise die Wertsachen los, die man mit sich führte. Das konnte jedermann passieren.

Manche berufsbedingten Risiken bin ich aber auch eingegangen, ohne von ihnen zu wissen. Wir sind einmal in einem Kriegsgebiet im südlichen Afrika auf staubiger Straße mit einem Land Rover unterwegs gewesen und erfuhren am Abend, dass ein Wagen, der uns folgte, auf derselben Staubpiste von einer Landmine in die Luft gesprengt worden ist.

Ende 1976 lief mein Vertrag als Auslandskorrespondent aus. Obwohl ich die Möglichkeit gehabt hätte, ihn zu verlängern, hatte ich nach acht Jahren Afrika den Eindruck, dass wir gesehen hatten, was zu sehen war. Wir hatten den Zyklus Unabhängigkeit, Militärputsch, Wiederherstellung der Demokratie, abermaliger Militärputsch mehrfach erlebt. Jetzt ging es um die Kinder, die älter wurden und an Abitur und Studium denken mussten. Sie sollten die bundesdeutsche Realität kennenlernen und nicht nur das »Luxus«-Leben der Nairobi-Deutschen vor Augen haben. Außerdem gehörten sie in ihren jeweiligen Schulklassen der deutschen Michael-Grzimek-Schule nach fünf Jahren sozusagen schon zum »alten Eisen« und freuten sich, nun in das verheißungsvolle Land zu kommen, wo man mit anderen Kindern auf der Straße spielen und zur Schule gehen konnte, ohne von Fahrern gebracht werden zu müssen, wo es Nutella gab, wo Fernsehen, Schallplatten und deutsche Bücher leicht zu beschaffen waren. Sie waren froh, dass sie nun nicht mehr »Weiße« unter »Schwarzen« waren, sondern einfach ganz normale Kinder. Ihren Schulfreunden blühte oft ein ähnliches Schicksal; einige waren sogar schon wieder in Europa, insofern mischte sich Abschiedsschmerz mit Wiedersehensfreude.

Auch aus beruflichen Gründen ist es wichtig, die Heimat nicht aus den Augen zu verlieren. Mir fehlen viele Dinge, die zwischen 1968 und 1977 in Deutschland passiert sind, weil ich mich als gelegentlicher Zeitungsleser von europäischen Zeitungen in Afrika nur unzureichend versorgt fühlte. Ich habe viel nacharbeiten müssen, Namen von Leuten zum Beispiel, weil ich mit ihnen nichts zu tun hatte.

Mit meinem Weggang ging die Federführung des Studios in Nairobi mit meinem Nachfolger Helmut Grosse vom NDR auf den WDR über. Dort liegt sie bis heute. Unser ehemaliges Wohnhaus mit angeschlossenem Büro ist inzwischen vollständig in Büros, Studios und Technikräume umgewandelt. Die Korrespondenten leben nicht mehr auf dem Studiogelände.

2017, fünfundfünfzig Jahre nach meinem ersten Besuch in Schwarzafrika, bin ich noch einmal nach Kenia gereist, um nach all den Jahren einen, wenn auch nur oberflächlichen Eindruck von der Entwicklung eines Landes zu erhalten, in dem wir uns in den Siebzigerjahren so wohlgefühlt hatten.

Ja, man kann heute dank der Smartphone-Explosion fast jeden Winkel Kenias per Handy erreichen, ein Riesenfortschritt gegenüber früher, als die Elefanten regelmäßig das Telefonnetz außer Betrieb setzten, wenn sie sich irgendwo im Land gegen einen Telefonmast lehnten. Ja, man kann dank des Smartphones mit einem Knopfdruck auch Barauszahlungen und Banküberweisungen veranlassen. Und in Nairobi bricht regelmäßig in der Mittagszeit der Verkehr zusammen, weil es mittlerweile so viele Autos gibt. Als Folge der chinesischen Entwicklungshilfe braucht man mit dem Zug von Mombasa nach Nairobi nur noch die Hälfte der Zeit, die man früher dafür benötigte. Es gibt Anzeichen dafür, dass sich ein Mittelstand entwickelt. Die Kinder sprechen deutlich besser Englisch als damals. Und wenn der oberste kenianische Gerichtshof ein Urteil fällt, das der Regierung nicht genehm ist, muss man nicht automatisch damit rechnen, dass die Richter von den Machthabern kassiert werden, wie das anderswo in Afrika leicht passiert.

Andererseits hat man den Eindruck, als ob die Devise von Staatsgründer Jomo Kenyatta, »*One Kenya, one nation*«, heute zu einem leeren Slogan verkommen ist. Der Regierung in Nairobi liegt gegenwärtig ein Verfassungsentwurf vor, der Kenia mit über vierzig Provinzen zu einem tribalistischen Puzzle machen würde, nach dem Motto: »*One Kenya, many nations*«. Ob die Lösung irgendwo in der Mitte liegt? Jedenfalls bleibt festzuhalten, dass Kenia und Afrika heute Seite an Seite mit Deutschland und Europa vor Herausforderungen stehen, an die vor fünfundfünfzig Jahren noch nicht zu denken war. Dazu zählt die Ausbreitung eines islamistischen Terrorismus, der eben auch in Afrika mit blutiger Gewalt zuschlägt, Kinder entführt, junge Mädchen zwangsverheiratet. Dazu zählt das Flüchtlingselend, das in einem Land wie Somalia entsteht, teilweise aufgefangen wird von mildtätigen Nachbarn wie Kenia, aber als Motor stark genug ist, geografische Hindernisse wie die Sahelzone, die Saharawüste und das Mittelmeer zu überwinden. Und dann stehen sie auf einmal auch vor deutschen Haustüren, die Flüchtlinge.

Niemand sollte glauben, das Problem Afrika erledige sich irgendwann von alleine, die beste Entwicklungshilfe wäre die Einstellung aller Entwicklungshilfe. Die Probleme werden nicht kleiner, sie werden größer werden. In meiner Generation habe ich erlebt, dass sich die Bevölkerung Schwarzafrikas mehr als verdoppelt hat. Nach Berechnungen der Vereinten

Nationen sieht es so aus, als ob sich das auch in der Generation unserer Kinder bis 2050 noch einmal wiederholen wird. Was ist zu tun?

Eine der wichtigsten Fluchtursachen ist mit Sicherheit der Hunger. Man kann ihn in vielen Fällen voraussehen. Aber die notwendigen Hilfsmaßnahmen werden in der Regel viel zu spät beschlossen. Deshalb sollten die Geberländer in Zusammenarbeit mit den einschlägigen Nichtregierungsorganisationen in Afrika ein Netz von Silos und Lagerhäusern anlegen, die sofort tätig werden, sobald sich eine Ernährungskrise ankündigt. Es gibt diese Lagerhäuser auch heute schon. Aber wenn die Not am größten ist, sind sie sehr schnell leer.

Wichtigste Voraussetzung für die Entwicklung Afrikas ist die Bildung. Das gilt nicht nur für junge Männer, sondern ebenfalls für junge Frauen, die in dieser Beziehung oft das Nachsehen haben.

Kinderreichtum ist für die meisten Afrikaner ein kostbares Gut. Sie müssen lernen, dass es für die Eltern und die Kinder besser sein kann, in einer Zwei-Kind-Familie aufzuwachsen, als in einem größeren Familienverbund. Weil das Thema komplex ist, bedarf es ausgiebiger Beratung.

Bevölkerungswissenschaftler verlangen seit Jahren, dass die Bundesrepublik ein eigenes Einwanderungsgesetz erhält. Dieses Gesetz sollte keinen abweisenden Charakter haben. Denn tatsächlich braucht Deutschland Einwanderer. Andererseits muss klar sein, dass ein Bürgerkrieg nicht *eo ipso* die Grenzen nach Deutschland öffnet. Mit schwierigen ethischen Auseinandersetzungen ist zu rechnen. Aber bei den zu erwartenden Migrantenströmen handelt es sich um eine Jahrhundertfrage, die man besser heute als morgen in Angriff nehmen sollte.

Über den üblichen EU-Skandal, dass ein äthiopischer Bauer seine Früchte nicht mehr auf den Markt bringt, weil die von der Europäischen Union subventionierten Früchte billiger sind als seine, darüber müssen wir doch sicher nicht mehr reden, oder? Faire Handelsbeziehungen zwischen Nord und Süd sind jedenfalls ein besserer Entwicklungsmotor als die Milliarden, die angeblich in den nächsten Jahren in die Entwicklungshilfe fließen sollen.

Rund um Big Ben

Aus dem kenianischen Sommer kommend, landeten wir Anfang Januar 1977 im Hamburger Winter. Es war kalt und dunkel. Wir bezogen eine Vierzimmerwohnung und versuchten, uns an unsere neue Umgebung anzupassen. Vorbei war es mit dem großen Haus, dem großen Garten, den Hunden, dem Homeoffice, den frei herumtobenden Kinderscharen. Vorbei war es auch mit der ewigen Habachtstellung, dem angestrengten Lauschen der Nachrichten auf meinem Kurzwellengerät, den ewigen Flügen kreuz und quer durch den Kontinent, dem nächsten Militärputsch auf dem Fuße folgend.

Ich kam zurück zum NDR nach Lokstedt, stand im Januar brav auf der Matte und sagte: »So, hier bin ich.« Ich wusste aber, dass es schwer werden würde, eine vernünftige Arbeit für mich zu finden. Deswegen hatte ich mir noch welche aus Afrika mitgenommen, die ich zentral von Hamburg aus steuern konnte. Ich wollte mich noch einmal um die Zukunft Südafrikas kümmern und habe das dann mit einer sechsteiligen Fernsehserie auch getan: *Das Kap der Stürme*. In meinem kleinen Büro in der *Weltspiegel*-Redaktion genoss ich die Nähe zu Kollegen, die ich bis dahin überwiegend von Telefongesprächen kannte: Winfried Scharlau, Wolf von Lojewski,

Dieter Kronzucker, Peter Merseburger, Walter Helfer – alle fünf irgendwann in ihrer Karriere auch einmal Auslandskorrespondenten, bis man sie in anderen Positionen brauchte. Im Schneideraum saß jahrelang Ingrid Paulsen, die meine Beiträge aus Afrika besser kannte als ich selbst, weil von mir nur das Rohmaterial stammte und erst sie daraus einen Film machte.

Ein Zimmer weiter arbeitete Heidi Döhl, die ich dann 1978 fragte, ob sie bereit sei, als Produktionsassistentin mit mir nach London zu kommen. Sie blieb dann dort bis zu ihrer Pensionierung. Über zwanzig Jahre.

London? Das Angebot einer neuen Auslandsverwendung erreichte mich, als der dortige Korrespondent Edmund Gruber überraschend von der ARD zum ZDF wechselte, das ihn dann nach Washington schickte. »Wollen Sie die Nachfolge antreten?«, ließ unser Intendant anfragen.

Was für eine Frage! Ich hatte immer davon geträumt, als Korrespondent zu arbeiten. Und nun gar in London, der Stadt, die ich schon früh in mein Herz geschlossen hatte. Natürlich musste ich da hingehen. Andererseits war es für Barbara und die Kinder eine Zumutung. Sie waren gerade nach Hamburg umgezogen, um in Hamburg zu bleiben. Und nun hieß es schon wieder: »Koffer packen! Es geht nach London!« Für mich jedoch war es eindeutig die Erfüllung eines alten Wunsches.

Zwar hätte ich mir vorstellen können, noch ein paar Jahre in Hamburg zu bleiben. Aber nein, der Korrespondentenplatz wurde eben jetzt frei. Ob es je wieder eine Chance geben würde, war nicht vorherzusehen. Mir war bewusst, dass ich Barbara und den Kindern mit diesem abermaligen Umzug viel abverlangte. Aber ich hoffte, dass Adele, Sebastian und Florian eines Tages auch den Vorteil erkennen würden, den man hat, wenn man sich einige Jahre in Großbritannien aufgehalten hat. Im Rückblick sieht die Familie das heute wohl auch so. Aber damals lag eine schwere Zeit vor ihr.

Nach acht Jahren in den deutschen Communities von Abidjan und Nairobi wollten wir uns nun richtig in unsere neue Umgebung integrieren und uns nicht in den bisweilen sehr engen Strukturen der deutschen Gemeinschaft wiederfinden. Die Kinder sollten gut Englisch lernen und von der Chance, in einer Weltstadt aufzuwachsen, profitieren. Leider sahen sie selbst das zunächst nicht so. Der Anfang in einer englischen Privatschule war sehr schwer. Die Kinder hatten Heimweh und wollten absolut nicht in ihre Schule gehen. Es gab jeden Morgen Geschrei und Kämpfe. Wir haben Florian im Schlafanzug ins Auto verfrachtet und seine Klamotten mitgenommen, damit er sich auf dem Weg anzieht. Ich konnte mich ins Büro zurückziehen, während Barbara sich nachmittags wieder mit dem Elend befassen musste. Sie musste ihnen gut zureden, damit sie ihre Schularbeiten machten, sie musste sich überlegen, wie eine schöne Ablenkung aussehen könnte. Die Kinder versenkten sich aber am liebsten ins englische Fernsehprogramm und guckten stundenlang alles, was angeboten wurde. Das Positive daran: Sie lernten Englisch, erfuhren etwas von der Kultur des Landes und konnten sich dann auch in der Schule bald besser verständigen. Verstört waren die Kinder, als die Klassenkameraden sie mit »Heil Hitler« oder »Nazi« begrüßten, aber der Schreck hielt nicht lange an. Am Ende waren sie voll in die Klassengemeinschaft integriert.

Politisch befand sich das Vereinigte Königreich Ende der Siebzigerjahre im Umbruch. 1978/1979 hatte der *Winter of Discontent*, der Winter der Unzufriedenheit, das Land fest im Griff. Aufgrund von steigender Inflation und sinkendem

Lebensstandard streikten große Teile der Zivilgesellschaft. Sogar die Totengräber verweigerten die Arbeit, sodass keine Beerdigungen möglich waren. In den Straßen und in Parks stapelten sich die Müllsäcke zu Bergen. Unseren Müll haben wir ins Auto gepackt und bei Londoner Müllsammelstellen abgeliefert. Den unserer Nachbarin, die alleinstehend war und die andere Hälfte unseres Doppelhauses bewohnte, haben wir gleich mitgenommen. Nach den jahrelangen, nicht immer überschaubaren Turbulenzen in Afrika war ich erstaunt, auch in Europa ein derartiges Chaos vorzufinden. Ich bewunderte aber die Briten, die mit stoischer Gelassenheit den Umständen trotzten. Wir passten uns schnell an.

Ich kann mich – ganz im Gegensatz zu heute, wo in den Straßen der Innenstadt Stau zum Alltag gehört – nicht erinnern, dass es damals zu größeren Behinderungen gekommen wäre. Aber ich bin auch fast nie mit dem Auto von Golders Green, wo wir wohnten, ins Büro nach Soho gefahren, sondern immer mit der U-Bahn, was ich als sehr wohltuend empfunden habe. Da konnte ich Zeitung lesen, und wenn ich dann das Büro betrat, war ich schon ein bisschen vororientiert.

In unserer Londoner Zeit wurde ich auch Zeuge des Machtwechsels von Labour zu einer konservativen Regierung mit ihrer Premierministerin, der ersten, die das Land hatte: Margaret Thatcher. Die »Iron Lady«, die Eiserne Lady, wurde von vielen heiß geliebt und von fast ebenso vielen inbrünstig gehasst, vor allem wegen des Sozialabbaus, den sie durchgezogen hat – ohne Rücksicht auf Verluste. Ich hatte einmal das Vergnügen, von ihr zu einem Interview empfangen zu werden. Wir stellten uns in No. 10, Downing Street, vor, alle natürlich mit Schlips und Kragen. Dann bemerkte die Gastgeberin, dass ein Bild, das bei dem Interview hinter ihr zu sehen sein würde, etwas schief hing. Also ging sie hin und brachte erst einmal das Bild ins Lot. Man sah im Hintergrund auch ein kleines Tischchen mit Intarsienarbeiten, ein Stück der Verzierung war abgeblättert. Sie hat persönlich das Möbelstück gedreht, bis wieder alles tadellos schien. Genauso war sie: streng, diszipliniert, kompromisslos, perfektionistisch. Sie trug ihre eiserne Rüstung natürlich auch bei uns im Interview und ließ keine Risse, keinen Blick hinter die Kulisse zu. Sie war »der beste Mann, den die Tories je gehabt haben«, schmunzeln heute die Anhänger der Labour-Partei.

Für mich war es spannend zu beobachten, wie schnell man dem Publikum zu Hause als Londoner Korrespondent zu einem vertrauten Gesicht wird. London war viel häufiger in der *Tagesschau*, im *Weltspiegel*, auf den ARD-Sendeplätzen für Dokumentationen vertreten als der Schwarze Kontinent. Ich habe nie so viel gearbeitet wie in Afrika, wo alles immer nur schwierig war. Aber in Afrika haben mich allenfalls ausgewiesene Liebhaber des Kontinents in Deutschland zur Kenntnis genommen. Das große Fernsehvolk hat mich nicht gekannt.

Kaum war ich in London, merkte ich, dass sich die Leute daheim wirklich für England interessierten. Sie guckten die Programme. Es gab Zuschauerpost. Der Kontakt zum Publikum war viel enger; und ich war auch in den heimischen Redaktionen viel gefragter als in Afrika.

Wir haben damals immer noch auf 16-mm-Film gedreht. Der britische Fernsehsender ITN war, wenn man rannte, fünf Minuten von unserem Studio entfernt, auf der anderen Seite der Oxford Street. Dort ließen wir unser Filmmaterial entwickeln. Geschnitten haben wir es dann wieder bei uns im ARD-Studio. Es war ein ständiges Hin-und-her-Gerenne. Später wurde die Videotechnik eingeführt, womit alles viel einfacher wurde. Am Ende passierte alles unter unserem eigenen Dach. Sogar live konnte man aus dem guten, alten »Diadem House« senden, das mittlerweile einer neuen U-Bahn-Linie als Lüftungsschacht zum Opfer gefallen ist.

1978 sollte der dreißigste Geburtstag von Prinz Charles groß gefeiert werden. Alle fragten sich damals: Wo ist denn die Braut? Es wurde langsam augenfällig, dass weit und breit keine Frau für den britischen Thronfolger in Sicht war. Als die Redaktionen in Deutschland erfuhren, dass Prinz Charles auf Freiersfüßen wandelte, fingen sie auf einmal an, die große Story zu wittern. Das überraschte mich damals sehr, früher hätten sie sich für so etwas bestenfalls am Rande interessiert. Denn Royalty & Co. waren allenfalls etwas für bunte Magazine, aber nichts für »seriöse« Publikationen. Und jetzt kam plötzlich dieser linkische junge Prinz mit den Segelohren daher und faszinierte deutsche Fernsehredakteure?

Ich hatte dann die Idee, dem NDR zum dreißigsten Geburtstag des Thronfolgers ein Porträt anzubieten. Der nahm es mit Kusshand, obgleich uns das Haus Windsor keinerlei exklusiven Zugang zu dem Geburtstagskind gewährte. Lord Louis Mountbatten, eine Art Ersatzgroßvater für Charles, bedankte sich bei mir sehr höflich für das freundliche Interesse der Deutschen am britischen Thronfolger. Gleichzeitig ließ er mich jedoch wissen, dass er sich nie zu Personen äußere, die der königlichen Familie angehörten. Wir drehten den Film damals trotzdem – ohne das erwünschte Interview.

Im Juli 1981 heiratete Prinz Charles dann Lady Diana. Großbritannien befand sich im Ausnahmezustand. Das ist auch in den sonstigen Monarchien Europas nicht so sehr anders, wenn der Thronfolger mit seiner Braut vor den Traualtar tritt. Bei

Charles und Diana kam hinzu, dass er sich selbst in eine Art Zugzwang begeben hatte, als er angedeutet hatte, mit dreißig sollte man eigentlich schon verheiratet sein. Und zu diesem Zeitpunkt kreuzten sich beider Wege, der in jeder Beziehung erfahrene Charles, die errötende Schöne Diana, deren ältere Schwester ebenfalls mit Charles befreundet war. In London waren jedenfalls massenweise Menschen unterwegs, die versuchten, von dem Hochzeitsfest etwas mitzukriegen. Feuerwerke wurden veranstaltet, die Menschen picknickten im Park – ein ausgelassenes Freudenfest. Es war eindrucksvoll, wie viele Menschen durch dieses Ereignis mobilisiert wurden, nicht nur in Großbritannien, sondern durch das Fernsehen buchstäblich in aller Welt.

Davon bekam ich allerdings wenig mit, denn ich saß in Hamburg-Lokstedt beim NDR in einem Studio, einem Hochzeitsstudio, zusammen mit der Kollegin Marie-Louise Steinbauer und einer ganzen Parade von Hochzeitskleidern. Ich wollte mich nicht in die Gefahr begeben, über Dinge zu reden, von denen ich keine Ahnung hatte: das Kleid mit Schleppe, die kleinen Pagen, der Brautstrauß, der Brautschmuck und so weiter, und so weiter. Während Marie-Louise also über die Spezifika von Hochzeitskleidern in königlichen Kreisen redete, sollte ich das Geschehen quasi live aus London kommentieren. Es war so geplant worden, weil wir Sorge vor Leitungsausfällen zwischen London und Hamburg hatten. Und siehe da, mitten in der Traurede des Erzbischofs von Canterbury fiel der Ton aus. Da saß ich dann, im Studio in Lokstedt, und hörte ihn nicht mehr. Das Publikum hörte ihn auch nicht mehr. Aber ich hatte eine Übersetzung von der Rede, die ich vorher erhalten hatte, angefertigt und habe einfach da weitergepredigt, wo der Erzbischof aufgehört hatte. Als dann der Originalton wiederkam – ungefähr zweieinhalb Minuten später –, war ich genau an der Stelle, an der er auch war. Da konnte ich nur sagen: »Vielen Dank, lieber Gott, du hast mir sehr geholfen.«

Die Hochzeit war in Deutschland ein Großereignis. Man konnte im Straßenverkehr feststellen, dass viel weniger Autos als üblich unterwegs waren, weil die Leute an den Fernsehapparaten klebten. Wie wir dann erlebten, galt das nicht nur für Westdeutschland. Im Sommer 1981, gleich nach der Hochzeit, verbrachten wir ein paar Urlaubstage in der DDR, besuchten dort Verwandte und zeigten den Kindern Orte, die im Leben ihrer Eltern und Großeltern eine Rolle gespielt hatten. Was ich von dieser Reise noch in Erinnerung habe, war unsere Fahrt durch die DDR, während rechts und links an unserem Auto winkende Charles- und Diana-Porträt-Pappen die Republik erfreuten. Die Volkspolizisten guckten voller Erstaunen und wunderten sich, was denn mit diesem grünen Volvo eigentlich los war und wer da wohl drinsaß. Es wurde deutlich, dass viele DDR-Bürger, auch solche in Uniform, erkannten, wer ihnen da zuwinkte. Sie hatten die Übertragung der Hochzeit wohl im (West-)Fernsehen gesehen. Dass sie uns mit vielen Fragen zur Hochzeit bombardierten, wenn wir irgendwo unser Auto parkten, das allerdings hat mich schon überrascht.

Angesichts des Aufsehens, das damals um Charles und Diana gemacht wurde, bin ich oft gefragt worden, ob ich denn persönlich ein Monarchist sei. Die schlichte Antwort: Wir Deutsche besitzen als Verfassung ein Grundgesetz, um das uns die ganze Welt beneidet. Die Monarchie ist darin nicht vorgesehen. Insofern bin ich kein Monarchist. Wäre ich britischer oder schwedischer Staatsbürger, könnte ich mir vorstellen, dass meine Antwort anders lauten würde. Denn andere Staaten haben mit ihrer Monarchie sehr viel bessere Erfahrungen gemacht als wir.

Was meine Kinder angeht, hatten sie zur Zeit der Hochzeit wohl andere Vorbilder als die Royals, die Punks zum Beispiel. Ich erinnere mich noch, wie Adele bei einem Friseur die damals sehr populäre Lady-Di-Frisur verpasst bekam und für sie Welten zusammenbrachen. Verzweifelt versuchte sie, ihre Haare irgendwie in eine für sie akzeptable Form zu kriegen, und fortan weigerte sie sich, zum Friseur zu gehen. Sebastian und Florian zeigten sich auch nicht sonderlich begeistert. Insofern muss man sagen, dass damals meine größten royalen Kritiker wohl zu Hause auf dem Sofa saßen. Fans musste ich mir woanders suchen.

Die erste Hochzeit von Prinz Charles 1981, der Trauergottesdienst für Prinzessin Diana 1997 – das waren wohl die beiden Ereignisse in meinem Reporterleben, mit denen ich die größte Zahl von Zuschauern erreicht habe. Wie beim Traugottesdienst ging auch bei der Trauerfeier nicht alles glatt. Wir kommentierten wieder aus Hamburg, um Tonausfällen aus dem Wege zu gehen. Ich hatte eine stolze Zahl erfahrener Kollegen als Co-Kommentatoren eingeladen. Wir waren bestens aufgestellt. Da öffnete sich fünf Minuten nach Sendebeginn die Studiotür, und unser Regisseur erklärte uns mit allen Zeichen des Entsetzens: »Die Telefonzentrale ist zusammengebrochen. Die Leute wollen nicht, dass ihr so viel redet.«

Ich verstand diese Kritik sofort. Und so hörte das Publikum im weiteren Verlauf überwiegend die Totenglocke, die von Westminster Abbey über die Dächer von London scholl. Man vernahm die Hufe der Pferde, die den Sarg am Buckingham-Palast vorbei zum Gottesdienst trugen. Man hörte das Schluchzen der Londoner, die den Weg säumten. Auf dem

Sarg lag ein weißer Blumenstrauß, daneben ein Kärtchen. Man ahnte, dass es ein letzter Gruß der Kinder William und Harry war, die beide in der Prozession vom St. James's Palace mitliefen. Aber die BBC ließ uns lange warten, bevor eine nahe Kamera bestätigte, was wir alle geahnt hatten. Auf dem Brief stand »For Mummy«.

Doch diese tragische Zeit lag damals noch in weiter Ferne, noch waren Charles und Diana, zumindest hatte es den Anschein, ein glückliches junges Paar. Ich wiederum hatte das Glück, in Hamburg eine Redaktion unter Ludwig Schuberts Leitung zu haben, die sich für Features aus Großbritannien sehr interessierte. Ich habe dann zwei Reihen entwickelt, die viermal im Jahr liefen: *Britische Nachbarn* und *Rund um Big Ben*.

Britische Nachbarn war der Versuch, sich eine Persönlichkeit vorzunehmen und in ihrer Funktion zu schildern – im Beruf, aber auch im Privatleben. Da haben wir beispielsweise einmal einen britischen Gewerkschafter mit seiner Familie porträtiert. Auf diese Weise haben wir unsere Berichterstattung ein bisschen heruntergeholt vom Level der Großkopferten auf die Ebene des Alltags. An eine andere Story erinnere ich mich. Da lebte eine Soldaten-Familie in Paderborn-Sennelager, einem Stützpunkt der britischen Armee in Nordrhein-Westfalen. Der Vater war kurzfristig als Soldat von Deutschland nach Nordirland abkommandiert worden. Nordirland, das zu Großbritannien gehört, war damals ein heißes Pflaster, wo regelmäßig Angriffe auf britische Truppen verübt wurden. Das Ehepaar telefonierte dann immer miteinander, um zu sagen: »Alles gut, ich lebe noch, und es ist alles in Ordnung.« Wobei die Familie damals unmittelbar vor der Rückkehr nach England stand. Ich fragte sie: »Was nehmen Sie denn aus

Deutschland mit? Etwas, das Sie lustig oder gut oder wichtig finden.« Da sagte das Ehepaar: »Die deutschen Blumenfenster.« Der Anblick eines schmalen länglichen Blumenkastens, der vor einem Fenster oder am Balkon hängt, war damals in Großbritannien weitgehend unbekannt. Ausgerechnet diese Kästen hatten es der ganzen Familie angetan.

In der Serie *Rund um Big Ben* erzählten wir die hundert kleinen Geschichten, die man in England so schön erleben kann, etwa von der Frau, die eine ganz normale Villa so eingerichtet hatte, als ob sie im Buckingham-Palast lebte, mit Bildern und Devotionalien vom Königshaus. Oder wir begaben uns auf die Suche – natürlich unausbleiblich – nach dem Monster von Loch Ness, dem ich nahe auf der Spur war ... Für eine andere Sendung hatten wir uns ein bewegliches Studio besorgt und fuhren in einem roten Doppeldeckerbus mit der Aufschrift »Rund um Big Ben« durch London. Das hat großen Spaß gemacht, vor allem, wenn wir in die verdutzten Gesichter der Londoner sahen, die einsteigen und mitfahren wollten.

Erfolgreicher war dieses zweite Format, weil wir viele Storys erzählen konnten, die das Englandbild des Publikums bestätigten: ein gleichermaßen liebenswertes wie exzentrisches Volk auf der anderen Seite des Ärmelkanals.

1978 konnte ich den NDR überzeugen, die Geburtstagsparade für Königin Elizabeth II. live zu übertragen: »Trooping the Colour«. Es war ein Wagnis, denn würde sich das deutsche Publikum für diese ganzen britischen Truppenaufmärsche wirklich interessieren? Scheinbar schon! Inzwischen ist »Trooping the Colour« zum Fixpunkt im Sendeschema des NDR geworden und hat treue Fernsehzuschauer. Ich selbst bin als Kommentator mittlerweile schon fast so lange dabei wie die

Queen. 2018 habe ich die Parade zum einundvierzigsten Mal übertragen, gemeinsam mit den Kolleginnen Julia-Niharika Sen und Leontine von Schmettow. Nach wie vor bin ich voller Begeisterung für ein Geburtstagsgeschenk, das es so oder ähnlich wohl nirgendwo sonst auf der Welt gibt.

Weil das Wetter am 21. April, dem tatsächlichen Geburtstag der Queen, auch in Großbritannien sprichwörtlich unsicher ist, marschieren Ihrer Majestät Leibregimenter erst am ersten oder zweiten Samstag im Juni auf dem Paradeplatz der Horse Guards auf. Sie haben dann schon monatelang geprobt, inklusive zweier Generalproben, die auf die Minute genau getaktet vor dem eigentlichen Ereignis stattfinden.

Man spürt, dass die Königin an der Parade besondere Freude hat. Niemand kennt ihren Ablauf besser als sie. Denn schon als sie noch gar nicht Königin war, hat sie bei Paraden ihren Vater vertreten. Gelegentlich kann man beobachten, wie ihre Füße den Takt der Musik mitwippen. Sie kennt eine große Zahl der Offiziere mit Namen. Es ist nicht ungewöhnlich, dass Soldaten schon in dritter oder vierter Generation bei den Leibregimentern dienen. Die Königin kehrt mit ihrem Gefolge, zu dem auch Mitglieder ihrer Familie zählen, in der offenen Kutsche auf demselben Weg zurück, auf dem sie gekommen ist: die Mall entlang bis zum Buckingham-Palast, wo sie sich mit der ganzen Großfamilie der Windsors auf dem Balkon zeigt und den Flugzeugen der Royal Air Force zuwinkt, die die Geburtstagsparade mit einem Vorbeiflug beenden. Tatsächlich wird am Montag darauf aber weitergefeiert. Auf Schloss Windsor versammeln sich dann die Ritter des Hosenbandordens zu einem Gottesdienst und einem Mittagessen. Danach füllt sich Windsor Castle mit Hausgästen, denn ab Dienstag wird das Programm der Queen von der Rennwoche in Ascot bestimmt,

23 Nur selten öffnen sich die Tore des Buckingham Palasts für Journalisten.

24 Reklame für die ARD-Sendung *Rund um Big Ben*. Die Londoner fragen: *»Where on earth is that?«*

25 Am Ziel meiner Träume: Studioleiter in London.

RGROUND

26 »Eine Welt für alle«: Unter diesem Motto machten 1990 Fernsehleute aus Europa und Asien mobil für Umwelt und Entwicklung.

27 Das ganze NDR-Team, Kameramann, Regisseur, Autor und Toningenieur (von links nach rechts), am Garter Day – hier lädt die Queen die Ritter des Hosenbandordens ins Schloss Windsor ein.

28 Die Schweden mochten sie von Anfang an: Ihre Majestät Königin Silvia, geborene Sommerlath.

29 Das NDR-Team darf die königliche Familie auch auf ihre Ferieninsel begleiten.

30 Zu Gast in Deutschland: König Harald von Norwegen, damals noch Kronprinz, mit seiner Frau Sonja.

31 Mit Regisseur István Bury in Belgien bei König Baudouin und Königin Fabiola im Park von Laken.

32 Bundespräsident Johannes Rau bat mich 2002, die Ordensverleihung zum Tag der Deutschen Einheit zu moderieren.

33 Mit Horst Köhler haben wir siebzehn Tage lang eine Dokumentation für die ARD gedreht.

34 Als frisch berufener Programmdirektor in einer Gesprächsrunde mit Richard und Marianne von Weizsäcker sowie dem Verleger Axel Springer.

35 Das Protokoll wünscht eine leichte Verbeugung: Vorstellung beim Staatsbesuch der Queen in Berlin 2015; links neben ihr der damalige Bundespräsident Joachim Gauck.

36 Zum ersten Truppenbesuch ohne ihren Mann an der Seite: Diana, Princess of Wales, in Deutschland.

37 Prinz Philip, der Herzog von Edinburgh, 1985 unterwegs im Senegal.

38 Bei ihrem Deutschlandbesuch 1987 besichtigen Charles und Diana auch die Fernsehstudios des NDR in Hamburg.

39 Alle Versuche, mit Charles ein Interview zu verabreden, scheiterten. Da klingelte plötzlich das Telefon: »Mir ist befohlen worden, einen Termin zu machen.«

40 Ein Interview mit der Princess Royal. Anne ist eines der fleißigsten Mitglieder der königlichen Familie.

41 Königin Margrethe von Dänemark und ihr Mann Henri de Laborde de Monpezat auf der königlichen Yacht *Dannebrog*.

42 Prinz Henri hat sein Leben lang darunter gelitten, dass er als Mann der dänischen Königin nur Prinzgemahl war.

43 Seit dem zehnten Lebensjahr spiele ich Geige; gelegentlich greife ich auch selbst zum Taktstock.

44 Mit Barbara zu Gast in der britischen Botschaft in Berlin bei der Queen's Birthday Garden Party 2017.

45 Meine Loge in der Londoner Royal Albert Hall, aus der ich jahrzehntelang die »Last Night of the Proms« übertragen habe.

46 In der Kategorie »Besondere Leistung« als Adelsexperte 2011 mit dem Deutschen Fernsehpreis ausgezeichnet.

»*just down the road*«, am unteren Ende von Windsor Park gelegen.

Königshäuser brauchen und lieben Rituale. So besteigen die Queen und Mitglieder ihrer Familie an den Renntagen von Royal Ascot um die Mittagszeit in Windsor Castle ihre Limousinen, fahren zwei Kilometer mit dem Auto bis zum Ende des Parks, steigen dort um in Pferdekutschen und fahren, nach rechts und links grüßend, vor den Tribünen vor. Nach Ascot begibt man sich nicht nur, um schmucke Pferde zu sehen. Jedermann hat sich für das Ereignis modisch herausgeputzt. Beliebtestes Fotomotiv, abgesehen von Ihrer Majestät natürlich: die Andeutung von Hüten, der »*fascinator*«, der von den Damen am Ladies Day in Ascot getragen wird.

Eine andere britische Institution, die ich für das deutsche Publikum in England gefunden habe, ist die *Last Night of the Proms*. Das ist der sehr populäre Abschlussabend der Henry-Wood-Promenaden-Konzerte aus der Royal Albert Hall in London, an dem unter lauter Beteiligung des Publikums Werke wie Edward Elgars »Pomp and Circumstance March Nr. 1« aufgeführt werden. Dort kann man die sonst ja eher etwas steifen Briten völlig entfesselt erleben, in bunten Verkleidungen schwingen sie den Union Jack und singen selbstvergessen aus voller Kehle patriotische Lieder wie »Rule, Britannia!« mit. Das deutsche Publikum war aber anscheinend ebenso fasziniert von diesem britischen Karneval wie ich. Das Konzert wird nach wie vor jedes Jahr übertragen. Ich selbst saß vierunddreißig Jahre lang mit meinen Kopfhörern und Mikrofon irgendwo in der tobenden Menge und kommentierte das Geschehen live für das Fernsehen.

Das hat alles großen Spaß gemacht. Ich konnte mich bei diesen Sendungen so richtig ausleben und dem deutschen

Publikum von »meinem England« erzählen. Vielleicht bin ich auch deshalb für viele Menschen noch immer »unser Mann in Großbritannien«.

Wir haben einen Großteil unserer Ferien im Vereinigten Königreich zugebracht und sind zwischen Land's End in Cornwall und dem Castle of Mey im Norden Schottlands mit dem Auto fast überall unterwegs gewesen. Wir haben die Kronjuwelen im Tower of London besichtigt und alte Whisky-Destillen in Schottland. Mit einem Dorfmusikanten in Irland habe ich »Ein Duo mit Charly« gespielt, ein Stück aus der irischen Volksmusik, bei dem er natürlich die erste Geige spielen sollte und ich die zweite. Nachdem er sich eine Weile geziert hatte, rückte er raus mit der Sprache und gestand, dass er gar keine Noten lesen könne. Also übernahm ich den Part der ersten Geige und erlebte, wie mich mein irischer Freund in Grund und Boden spielte, obgleich er nur beobachtete, was ich von meinen Noten ablas. Das reichte ihm, um sich aus dem Stegreif eine sehr fantasievolle Begleitung einfallen zu lassen – ein wahres Naturtalent.

Der Londoner Alltag barg aber auch Herausforderungen. Irgendwann kamen wir abends spät von einer Party nach Hause und bemerkten, dass ein Klappfenster, das wir nie benutzten, offen stand und ein Blumentopf umgefallen war. Nachdem wir uns überzeugt hatten, dass die drei Kinder fest schliefen, bewaffnete ich mich mit einem Tennisschläger und durchkämmte mit Barbara das ganze Haus. Wir wollten gerade unsere Verteidigungsaktion beenden, als ich im Winkel von zwei Türen bei der Küche plötzlich einem kräftigen jungen Mann in Jeans und T-Shirt gegenüberstand, der mir erklärte, dass er Hunger habe.

Englische Hausfrauen bewahren ihr Wirtschaftsgeld oft

im Kühlschrank auf, wo er aber nichts gefunden hatte und zu essen offenbar auch nichts. Während Barbara telefonisch die Polizei verständigte, gelang es dem Einbrecher mit einem gewaltigen Sprung, in den Vorgarten zu entkommen, wo er stürzte und ich mit meinem Tennisschläger über ihm stand. Ich hätte ihn dort ohne Frage außer Gefecht setzen können, registrierte aber bei mir mit Überraschung, dass sich alles in mir wehrte zuzuschlagen. So konnte er fliehen. Mir gelang nur noch, das Rückfenster des Wagens, in dem ein Komplize auf ihn gewartet hatte, zu zersplittern. Minuten später kreiste ein Hubschrauber über unserem Haus, Polizeihunde schnüffelten im Garten. Offenbar handelte es sich bei dem Duo um ein lang gesuchtes Einbrecherpaar. Der Berater von Scotland Yard, der uns am nächsten Morgen besuchte, gab mir den guten Rat: »Nächstes Mal schlagen Sie zu. Jeder Richter wird Ihnen recht geben.«

Es kam dann, wie es kommen musste. Aus Hamburg erreichte mich gerüchteweise die Nachricht, das Personalkarussell habe sich mal wieder in Bewegung gesetzt und ich spiele dabei eine Rolle. Ich blieb zunächst in Deckung und machte einfach weiter. Bis es eines Tages wirklich ernst wurde. Ich hatte meinen Dreijahresvertrag noch keineswegs erfüllt, als ich von Hamburg gebeten wurde, den Platz zu wechseln und nach Deutschland zurückzukehren. Der Programmdirektor Fernsehen des NDR, Friedrich Wilhelm Räuker, war Intendant geworden, ich sollte seine Nachfolge als Programmdirektor antreten. Der Intendant und sein Stellvertreter, Jobst Plog, flogen beide nach London, um mich davon zu überzeugen, dass der Wechsel wichtig sei. Dabei spielten auch parteipolitische Überlegungen eine Rolle. Als Auslandskorrespondent hatte ich keine innenpolitischen Blessuren. Ich war in dieser Beziehung ein unbeschriebenes Blatt und deshalb willkommen.

Zugegeben: Ein bisschen erinnerte die Situation an Goethes Ballade *Der Fischer*: »Halb zog sie ihn, halb sank er hin.« Es ist ja auch schmeichelhaft, wenn man als Korrespondent draußen arbeitet und dann aufgefordert wird, in der Zentrale eine höhere Position zu übernehmen. Andererseits stimmte in London einfach alles: das Team, die Thematik, die Zusammenarbeit mit dem hochgeschätzten Hörfunkkollegen Karl-Heinz Wocker. Und nun sollte ich das alles wieder aufgeben?

Gar nicht zu reden von meiner Familie. Die Kinder waren gerade so weit, dass sie irgendwie Fuß gefasst hatten in England. Und nun sollten sie wieder nach Hamburg gehen? Nach all dem Heulen und Zähneklappern, das sie in London durchgemacht hatten? Wie sollte ich ihnen das beibringen?

Eins war klar: Von heute auf morgen würde das nicht gehen.

Der vertauschte Kohl

Ich trat am 1. Januar 1982 in Hamburg an. Die Familie blieb vorerst in London. Sehr schnell begriff ich, dass die wichtigste Aufgabe eines für sechs Jahre gewählten Programmdirektors des NDR die eines Sparkommissars sein würde. Gleich in den ersten Tagen machte mich mein Kollege Heinz-Günter Sass, der Produktionsdirektor des NDR, mit einem Papier vertraut, das Antwort auf die Frage geben sollte: Wie viel eigene Kapazität muss eine Fernsehanstalt zur Umsetzung ihres Programmauftrags vorhalten, wie viel kann sie auf den Markt geben? Oder anders ausgedrückt: Wie viele teure Planstellen kann der NDR abbauen und durch billigere Anmietungen von Fall zu Fall ersetzen? Diese Diskussion spielt bis heute eine wichtige Rolle, wenn es um die Festsetzung der Rundfunk- und Fernsehgebühren geht.

Ein weiteres Problem, das mich beschäftigte, war die Auflösung einer Hauptabteilung, die sich vorwiegend um das Dritte Programm des NDR-Fernsehens kümmerte. Durch dessen Weiterentwicklung waren Doppelkapazitäten in den Redaktionen entstanden, die man zurückfahren musste. Außerdem wurden, zum Beispiel im Schulfernsehen, Sendungen produziert, die keiner mehr sehen wollte. Das kam durch eine Umfrage in den Schulen heraus, aus der man schließen konnte, dass die Fernsehapparate in den Klassenzimmern allenfalls bei Übertragungen von Fußballländerspielen eingeschaltet wurden.

In Diskussionen, die über ein Jahr dauerten, gelang es, die beiden miteinander konkurrierenden Hauptabteilungen zu einer zu verschmelzen. Ich habe dabei gelernt, wie hilfreich es in der Hierarchie ist, eine Politik der offenen Tür zu verfolgen, viele Gespräche zu führen, statt im Hauruckverfahren Anordnungen zu erlassen.

Barbara und ich richteten uns auf eine Wochenendehe ein. Meine Frau hatte, sobald die englische Institution der Ganztagsschule für die Kinder ihr das ermöglichte, eine selbstständige Berufstätigkeit angestrebt und im Zuge dessen ihr Psychologiestudium, von dem sie sich 1964 in Göttingen verabschiedet hatte, wiederaufgenommen. Das Examen wie auch der Abschluss ihrer Therapieausbildung standen 1983 an.

Adele machte 1982 ihre A-Levels (Abitur) und war dann mit der Schule fertig. Sie hatte bis dahin vermutlich mehr unter der Laufbahn ihres Vaters gelitten als jedes andere Familienmitglied und hatte die Nase voll, was weitere Schulwechsel betraf. Kindergarten in Hannover, französische Schule in Abidjan, sechs Monate Schule in Hamburg, deutsche Schule in Nairobi, wieder Schule in Hamburg, englische Schule in London – kein Wunder, dass sie am Ende unserer Zeit in Großbritannien erklärte: »Ihr könnt gehen, wohin ihr wollt. Ich bleibe hier.« *Hier* war dann nach bestandenen A-Levels die Universität in Edinburgh, wo sie zum ersten Mal in ihrem Leben die gleichen Bedingungen wie alle anderen vorfand: Sie konnte die Sprache, sie kannte die Kultur, alle anderen Studienanfänger und -anfängerinnen waren auch fremd. Entsprechend konnte sie loslegen! Dass sie heute überhaupt in Deutschland lebt, nach langen Jahren in Köln nun in Berlin, ist eher dem Zufall geschuldet – und den Irrungen und Wirrungen des Schicksals.

Unsere Tochter hat, wie auch Sebastian und Florian, nach der mühsamen, aber zum Schluss doch erfolgreichen Integration in England einen unabänderlichen Teil ihrer kulturellen Identität dort entwickelt. So kann sich die ganze Familie heute noch an trockenem britischem Humor ergötzen und bringt sich gegenseitig kartonweise PG-Tips-Teebeutel mit, auch wenn es diese längst beim asiatischen Lebensmittelhändler um die Ecke gibt.

Wenn ich am Wochenende die Möglichkeit hatte, nach London zu kommen, erlebte die Familie häufig einen Mann und Vater, der über Gebühr belastet und deshalb oft genug übellaunig war, denn die neue Aufgabe in Hamburg nahm mich doch sehr in Anspruch. Jedenfalls habe ich irgendwann einmal mitgekriegt, wie sich alle Kinder verzogen, als klar war, dass ich im Anmarsch war. Die Kinder sprachen inzwischen untereinander oft Englisch und saßen mit ihren Freunden auf ihren Flokatis, hörten laut Musik, blockierten stundenlang das Telefon und ließen ihren ganzen Krempel überall herumliegen. Den habe ich dann nach meiner Ankunft unter lautem Protest erst mal in den nächsten Papierkorb verfrachtet. Mit Adele, die inzwischen fast wie ein Punk aussah und sich auch so kleidete, stritt ich mich bei jeder Gelegenheit und diskutierte mit ihr im Ernst darüber, wie groß die Löcher in ihren Klamotten sein dürften. Nämlich so groß wie ein Fünfmarkstück. Barbara war froh, dass sie nicht unentwegt unglückliche

Kinder trösten musste, konzentrierte sich auf ihr Studium und versuchte, die schlimmsten Exzesse zu verhindern:

Es ist wirklich zum Auswachsen mit diesen Gören. Gestern Nachmittag rief WHSmith (Papierwarenhandlung) *an: Floti (10) hat sich tatsächlich dabei erwischen lassen, wie er Tipp-Ex klauen wollte. Wozu braucht er bitte Tipp-Ex? Als ich ihn gefragt habe, sagte er, dass es eine Mutprobe zusammen mit einem Freund gewesen sei. Ich hab ihm dann ein Tipp-Ex von mir geschenkt, aber wer weiß, welche Mutproben die sich noch ausdenken. Es wird höchste Zeit, dass die Schule wieder anfängt! Und Wäffi, der große Feuerschlucker, hat uns auch einen Riesenschreck eingejagt. Ich kam nach Hause, und da stand er mit lauter Blasen im Gesicht, die Haut in Fetzen. Das »Horror Make-up«, das sie zu Weihnachten bekommen haben, dachte ich. Sehr gelungen! Erst als Floti durch die Tür kam mit einer Salbe, dämmerte mir, dass das echt war. Wäffi hatte Floti in die Apotheke geschickt. Der hat denen gesagt, dass sein Bruder sich das Gesicht verbrannt hat, und sie haben ihm dann eine Brandsalbe verkauft. Meine Güte! Man kann die wirklich nicht einen Moment alleine lassen, ohne dass sie irgendeinen Scheiß machen. Wäffi hatte den Kleinen seine Feuerspuckkünste vorführen wollen, und irgendwie hat er wohl nicht richtig gespuckt.*

Das Feuerschlucken gab Sebastian später zum Glück auf. Ich erinnere mich an ein Telefongespräch mit Sebastian ein paar Jahre danach, es muss ungefähr 1987 gewesen sein: »Kaiserslautern? Biologie?« Seine Stimme klang etwas gequält. Er hatte sein Abitur gemacht, als Zivildienstleistender gearbeitet, jetzt befand er sich auf einer Weltreise. Nach dieser Reise wollte er sein Studium beginnen. Aber wo? Und was? Er hatte sich an diversen Universitäten für diverse Fächer beworben. »Ich bin noch nie in Kaiserslautern gewesen«, hörte ich ihn in Tokio sagen. »Könnt ihr nicht doch noch mal probieren, wie es mit Jura in Hamburg aussieht?« Er wollte wohl auch nicht mehr umziehen.

Sebastian ist tatsächlich Jurist geworden und lebt heute vorwiegend in Hamburg. Er macht nun die Karriere, die meine Eltern sich vermutlich für mich gewünscht hätten. Mitunter stößt er sogar konkret auf die Arbeit seines Großvaters oder auf Familien, die dessen Mandanten waren. Er arbeitet für eine internationale Kanzlei und betreut von London und Hamburg aus unter anderem große Schiedsgerichtsverfahren. Vermutlich würde er nicht bestreiten, dass ihm die internationalen Erfahrungen seiner Schulzeit bei seiner Arbeit zugutekommen. Mit seiner Tochter Greta spricht er seit ihrem ersten Lebtag Englisch, sodass sie mit einer Muttersprache, Deutsch, und einer Vatersprache, Englisch, aufgewachsen ist. Sebastian besitzt auch kein eigenes Auto und benutzt nur sehr selten überhaupt eines, was mir sehr imponiert. Er fährt Fahrrad, steigt in öffentliche Verkehrsmittel und macht kein großes Aufheben davon. Für ihn ist das kein Opfer, sondern ganz selbstverständlich. In dieser Beziehung zeichnet sich in der Generation unserer Kinder und auch der eigenen Generation ein Umdenken ab.

Heute freuen Barbara und ich uns, wenn die Woche mit einem gemeinsamen Abendessen mit den Kindern zu Ende geht. Die Kinder lieben die Kochkünste ihrer Mutter und entwickeln sich zunehmend zu Feinschmeckern. Damals aber, als ich zwischen London und Hamburg hin und her pendelte, hatte ich immer öfter das Gefühl, dass mir dieses heitere Tohuwabohu so langsam entglitt. Was hatte ich mir da bloß eingebrockt? Wahrscheinlich war es doch eine Überforderung, auf der einen Seite diese schwierige Position in Hamburg wahrzunehmen und auf der anderen Seite noch so etwas wie ein guter Familienvater sein zu wollen. Wir lebten inzwischen alle in sehr unterschiedlichen Welten. Gut, dass diese Zeit der Trennung nach achtzehn Monaten zu Ende war!

Mit Beendigung ihres Studiums verkaufte Barbara 1983 das Londoner Haus, packte die Sachen, brachte Adele nach Schottland an die Universität und kam mit Florian und Sebastian nach Hamburg.

Sie ließ sich als Psychotherapeutin nieder, mit einigen Schwierigkeiten, weil ihr Examen in Deutschland zunächst nicht anerkannt wurde. Ich habe Barbara sehr dafür bewundert, dass sie nach der Geburt von drei Kindern den Weg zur Universität zurückfand, ihr Examen absolvierte und in fortgeschrittenem Alter in Hamburg eine Praxis eröffnete. Es gibt viele, die sich ihren Lebensweg so vornehmen, aber nur wenige, die ihn durchhalten.

Auch dieser Umzug ging für alle Beteiligten nicht ohne Eingewöhnungsschwierigkeiten vonstatten. Florian, inzwischen zwölf, ging mit Bauchschmerzen zur Schule, er musste jetzt zum ersten Mal in seinem Leben alles auf Deutsch sagen, lesen und schreiben. Sebastian war irritiert von den bürgerlichen Hamburgern, die so gar nichts gemein hatten mit seinen Freunden in London, die mit löchrigen Levis, Doc Martens und Flattops die Londoner Szene unsicher machten. Barbara konnte sich etwas schneller für ihre neue alte Heimat erwärmen. Hamburg war deutlich überschaubarer als London, und es gab Freunde und Verwandte. Ungewohnt für alle war die

Tatsache, dass wir im kleinen Hamburg plötzlich »wer« waren und nicht mehr die Anonymität Londons genießen konnten. Das lag natürlich daran, dass wir nun mehr oder weniger zum ersten Mal in meinem Sendegebiet wohnten und mein Bekanntheitsgrad allmählich größer geworden war.

Das Wichtigste aber war: Meine Familie und ich hatten jetzt wieder mehrere gemeinsame Nenner, sprachen dieselbe Sprache und lebten in derselben Wohnung. Für mich fiel endlich die ewige Pendelei weg, was die Dinge ungemein erleichterte.

Eine Geschichte, die ich als Programmdirektor zu verantworten hatte und wohl in meinem ganzen Leben nicht mehr loswerde, passierte am Silvesterabend 1986. Ich war in Hamburg allein zu Haus. Barbara war bei ihrer Mutter in München, und die Kinder feierten ihre eigenen Partys. Irgendwie hatte ich den Eindruck, ich sollte noch einmal im alten Jahr bei meinen Kolleginnen und Kollegen in Lokstedt vorbeifahren. Ich wollte die Sendemannschaft, die an diesem Abend Dienst hatte, besuchen und einen guten Rutsch wünschen. Ich war also in Lokstedt und saß im Sendezentrum, als das Telefon klingelte. Am Telefon war ein Redakteur, der sagte: »Ach gut, Rolf, dass ich dich gleich spreche: Beim ZDF trägt er einen blauen Schlips.«

»Wovon redest du?«, fragte ich.

»Na ja, es läuft jetzt gerade die Neujahrsansprache des Bundeskanzlers, und ich sehe, dass er bei uns einen roten Schlips hat. Dabei trug er im ZDF doch einen blauen.«

»Moment mal. Was soll das heißen?« Im selben Moment sagte ich zum Chef vom Dienst: »Dreh mal laut.« Keiner von uns hatte der Neujahrsansprache zugehört. Helmut Kohl redete von allem Möglichen, bis er dann den »lieben Mitbürgerinnen und Mitbürgern« ein schönes 1986 wünschte. Da haben wir uns aber angeguckt. Um Gottes willen! Doch es blieb mir nur noch zu sagen: »Film ab«, denn nach der Neujahrsansprache kam bei der ARD die große Silvestershow. Die war vorab aufgezeichnet worden. Hätten wir diese Aufzeichnung nicht so gesendet wie geplant, nämlich unmittelbar nach der Ansprache des Bundeskanzlers, dann hätte bei uns in der ARD auch noch das neue Jahr verspätet angefangen.

Passiert war Folgendes: Im MAZ-Raum, jenem Raum, in dem die Magnetaufzeichnungen lagen und diese speziellen Bänder fürs Fernsehen auch gesendet wurden, hatte die diensthabende Kollegin ein Band gesehen, auf dem groß »Neujahrsansprache« gestanden hatte und dann eine Jahreszahl. Aus einem ganzen Haufen von Aufzeichnungen griff sie dieses eine Band heraus und war natürlich sicher, dass sie das richtige hatte. Später stellte sich heraus, dass es ein altes Band war, das vom Archiv unmittelbar vor Weihnachten in die Abspieleinheit gekommen war, weil die WDR-Sendung *Monitor* noch einmal auf Kohls alte Neujahrsansprache zurückgreifen wollte. Es lagen also zwei Ansprachen da.

Obwohl wir gleich ein Laufband mit einer Entschuldigung und neuer Sendezeit ins Programm eingeblendet hatten, war die Hölle los. Der erste ARD-Hierarch, der uns per Telefon erreichte, war der damalige Intendant des Südwestfunks (SWF), Willibald Hilf. Er ließ sich alles genau erklären und versprach dann, Bundeskanzler Kohl entsprechend zu informieren. Das war natürlich wichtig für uns. Der NDR hat sich entschuldigt, der Bundeskanzler hat die Entschuldigung angenommen.

Im Lauf der Nacht erschien fast die Hälfte der Führungsetage des NDR in der Sendezentrale, um sich persönlich ein

Bild von den Vorgängen zu machen. Ich fragte den Justiziar, ob es nun für mich an der Zeit sei, den Hut zu nehmen. Der antwortete nur: »Wenn Ihre Sekretärin einen Brief an die falsche Anschrift schickt, kann man Sie auch nicht dafür verantwortlich machen.«

In unserer Programmreihe *Wir über uns* im Ersten (ARD) versuchte ich, dem Publikum genau zu erklären, was passiert war. Einige Zuschauer wollten nichts davon wissen. Für sie waren es wieder einmal die »Roten«, die gezielt beabsichtigt hätten, den Bundeskanzler in der Öffentlichkeit lächerlich zu machen. Andere zeigten Humor für unsere Lage: »Der NDR strahlt doch zu Silvester immer das *Dinner for One* aus«, schrieb ein Zuschauer. »Es wäre doch schön, in diesem Umfeld jedes Jahr die Kanzleransprache vom Vorjahr zu wiederholen.«

Unser Fehlverhalten war so einzigartig, dass sogar die *New York Times* es in einer Meldung an die ganz große Glocke hing.

Die Bandvertauschung hatte insofern noch eine besondere Pointe, als in der Nacht der private Rundfunksender Radio ffn in Niedersachsen seinen Sendebetrieb aufnahm. Eines der ersten Interviews, das sie je gesendet haben, war jenes, das sie damals mit mir gemacht haben. Ich lag nach dem turbulenten Abend endlich im Bett und schlief – erstaunlicherweise. Das Klingeln des Telefons weckte mich, ich ging ran und habe Rede und Antwort gestanden, weil ich dachte, die Informationspflicht über dieses Malheur hätte ich als Programmdirektor einer öffentlich-rechtlichen Anstalt in jedem Fall. Für die gerade aufkommenden Privatsender war das natürlich ein gefundenes Fressen, wenn sich der große Bruder derartige Schlagzeilen leistete. Häme haben uns die Kollegen jedoch erspart. Man konnte sogar einen Hauch von Mitgefühl wahrnehmen.

Helmut Kohl, auf dessen Kosten wir uns scheinbar amüsiert hatten, ließ mir gegenüber nie etwas dazu verlauten. Das habe ich ihm hoch angerechnet. Denn auf diese Weise war das Feuer bald ausgeblasen.

Meine sechs Jahre als Fernsehprogrammdirektor, die dann noch einmal um zwei weitere Jahre verlängert wurden, habe ich wie einen spannenden Abenteuerfilm wahrgenommen. Ich stand immer vor neuen Herausforderungen. Der Tatsache, dass die ARD mir, dem Kollegen in Hamburg, die Koordination der Fernsehspiele anvertraute, verdanke ich Einblicke in die Drehbuchentwicklung, die Dramaturgie, die Besetzung von Fernsehspielen und Serien. Als Korrespondent hat man mit derlei Programmen nie etwas zu tun. Als Zuschauer hatte ich in London miterlebt, mit welcher Begeisterung das Publikum dort Serien wie *Coronation Street* aufnahm, bei der es um das Leben von Bewohnern der Coronation Street in der fiktiven Industriestadt Weatherfields ging. In der ARD wurde gerade darüber diskutiert, ob man eine Serie mit dem Namen *Lindenstraße* in Auftrag geben sollte. Der NDR war zögerlich. Aber weil die Serie gemeinschaftlich von allen Anstalten produziert werden sollte, hing das Projekt vom Votum des NDR ab. Ich stimmte für die Beteiligung. Im November 2018 wurde bekannt, dass die letzte Folge der *Lindenstraße* im März 2020 ausgestrahlt werden soll – vierunddreißig Jahre war sie dann Bestandteil des ARD-Programms.

Nach Möglichkeit wurden Entscheidungen auf der Ebene der Programmkonferenz einstimmig getroffen. Das gelang natürlich nicht immer. Gelegentlich war die Interessenlage der am Tisch versammelten Anstalten zu unterschiedlich. Aber dank der souveränen Leitung durch unseren Vorsitzenden Dietrich Schwarzkopf wurden fast alle Entscheidungen im Konsens verabschiedet. Ein Kollege war berühmt für seine Zweizeiler, mit denen er ermüdende Tagesordnungen aufmischte. Über mich schrieb er: »Wer hat bloß den Seelmann-Eggebert in ein Büro eingesperrt?« Ganz unrecht hatte er nicht mit dieser Beobachtung, wie sich noch zeigen sollte.

Als besonders wichtig habe ich auch die Volontärsausbildung beim NDR betrachtet. Sie wurde mit großem Ernst und viel Fantasie betrieben. Wenn mich die künftigen Volontäre später um einen Rat für ihre angestrebte Laufbahn gebeten haben, dann war es meist dieser: »Ganz egal, in welcher Redaktion ihr gerade arbeitet, bewahrt euch ein Interessengebiet, und bleibt euer Leben lang an dem Thema dran. Denn das journalistische Spektrum, in dem ihr euch bewegen werdet, ist bunt. Aber ihr werdet es immer wieder erleben, dass in einem bestimmten Bereich plötzlich besonderer Sachverstand gefragt ist. Gut, wenn ihr den dann einbringen könnt.«

Natürlich begegnet man als Fernsehprogrammdirektor den unterschiedlichsten Menschen, die zusammengenommen das sogenannte öffentliche Leben ausmachen. Am meisten fasziniert haben Barbara und mich unsere Begegnungen mit dem Dirigenten Günter Wand.

Wir sind selbst ja begeisterte Musiker und haben auch gemeinsam sehr viel Musik gemacht. Barbara spielt Bratsche, ich Geige. Nur als wir nach Afrika gingen, haben wir unsere Instrumente wegen des Klimas zu Hause gelassen.

Bis heute spielen wir in zwei Quartetten, und es lag auf der Hand, die beiden Ensembles von Zeit zu Zeit zusammenzulegen, um uns aus dem Streichquartettkäfig herauszuwagen. So entstanden 1990 die »Due Quartetti«. Wir treffen uns Anfang des Jahres, üben an acht Wochenenden und liefern dann in der Melanchthonkirche in Hamburg vor einem uns sehr gewogenen Publikum ein Kammerkonzert ab, Moderation und Leitung: Rolf Seelmann-Eggebert.

Unter den heutigen Dirigenten gibt es eine ganze Reihe, die als Autodidakten angefangen haben. Aber das Dirigieren zu meinem Beruf zu machen, ist mir nie in den Sinn gekommen. Uns gemeinsam ein Werk zu erarbeiten, unterschiedliche Talente zu nutzen, ein gutes Klima zwischen Publikum und Mitwirkenden zu schaffen – das ist das Ziel von »Due Quartetti«. Vor jeder Probe haben Barbara und ich immer Pausenbrote geschmiert. Das hat uns viel Sympathie eingetragen.

Einmal durfte ich sogar ein großes Opernorchester dirigieren. Es handelte sich um eine Benefizveranstaltung zugunsten von UNICEF im Rahmen der Händel-Festspiele in Halle. Der dortige Intendant Klaus Froboese wusste von meinem Hobby und rief mich an, ich sollte moderieren und dirigieren: »Es geht um ein komplettes Händel-Konzert, ›Feuerwerksmusik‹ et cetera. Wie wär's?« Obwohl ich natürlich wusste, dass die Musiker ihr Konzert auch ohne mich – vielleicht sogar besser ohne mich – spielen würden, erlag ich der Versuchung. Einmal im Leben ein Profi-Orchester dirigieren! Nach dem Pilotenmotto »Starten und Landen sind das Schwierigste, den Rest besorgt der Autopilot«, beschränkte ich meinen Einfluss darauf, gemeinsam anzufangen und gemeinsam aufzuhören. Den Rest besorgte das Orchester, und ich gab mir alle Mühe, es dabei nicht zu stören.

Das liest sich jetzt so nett. Tatsächlich habe ich nie wieder so viel Zeit in die Vorbereitung eines Konzerts investiert. Ich habe Partituren studiert, CDs mit verschiedenen Orchestern gehört. Nach der ersten Orchesterprobe war ich fix und fertig und hätte am liebsten alles hingeschmissen. Aber dank der Seelmann'schen Lebensdevise: »Das geht nicht, gibt' s nicht«, habe ich dann doch durchgehalten.

Als ich in Hamburg eines Tages von der Direktorensitzung am Rothenbaum (dort befindet sich das NDR-Funkhaus) nach Lokstedt zurückfahren wollte, wo ich mein Büro hatte, hörte ich plötzlich Musik. Das ist natürlich in einem Haus, in dem berufsmäßig Musik gemacht wird, keine Überraschung. Aber das war Musik, die mich sofort in ihren Bann schlug.

Im Sendesaal des Funkhauses probte das Sinfonieorchester des Norddeutschen Rundfunks. Vor ihm stand ein alter Herr. Ich setzte mich – völlig fasziniert – auf die Treppenstufen und hörte zu. Er arbeitete auffällig genau mit dem Orchester, sprach mit einem leicht rheinischen Akzent. Notfalls sang er dem Orchester auch etwas vor oder schlug mit dem Dirigentenstab den Takt, den etwas zu haben hatte. Dann setzte das Orchester wieder ein.

Bei dem alten Herrn handelte es sich um den in Wuppertal-Elberfeld geborenen Günter Wand. Er war überhaupt nie bereit, irgendeinen Kompromiss einzugehen oder zu sagen: »Ja gut, nun war es in etwa so, wie ich es mir vorstelle.« Nein, so wie es da stand, wollte er es haben. Es ist über ihn einmal ein Buch erschienen, mit dem Titel: *So und nicht anders*. Und so war er, Günter Wand, so und nicht anders. Er hatte bis zu seinem fünfundsechzigsten Lebensjahr in Köln das Gürzenich-Orchester geleitet und in dieser Zeit beim WDR von den neun Sinfonien, die Bruckner geschrieben hat, alle aufgenommen. Alle, mit Ausnahme der 5. Sinfonie. Und diese 5. Sinfonie, darüber haben wir später lange gesprochen, lag nun auf dem Pult der Musiker, als ich ihm das erste Mal begegnete und ihn bei der praktischen Arbeit erlebte.

Bruckners Fünfte ist für Wand ein Berg gewesen, den er während seiner aktiven Zeit nie erklommen hatte. Er hat immer gesagt: »Davon verstehe ich nicht genug. Das ist ein Werk, das sich mir nicht ohne Weiteres erschließt.«

Jedermann in der Musikwelt weiß, dass diese 5. Sinfonie eine besondere Herausforderung für den Interpreten darstellt. Dann passierte es Günter Wand, als er pensioniert wurde, dass der Musikchef des WDR bei ihm anrief und sagte: »Günter, jetzt ist es an der Zeit, dass du Bruckners Fünfte machst.« Wand erwiderte: »Wie stellst du dir das vor? Ich habe so viele andere Zusagen für irgendwelche Konzerte, ich kann jetzt nicht mit dieser Sinfonie anfangen.« Daraufhin hatte er eine schlechte Nacht, rief am nächsten Morgen beim WDR an und fragte: »Habt ihr die 5. Sinfonie schon einem anderen an die Hand gegeben?« Die Antwort: »Na, das kann doch keiner. Das kannst doch nur du.« Und dieses Mal erklärte er: »Gut, dann mach ich's.«

Danach hat er ein halbes Jahr nichts anderes gemacht, als diese Sinfonie einzustudieren. Sie ist seine Schicksalssinfonie geworden, noch im hohen Alter hat sie ihm die Konzertsäle in aller Welt geöffnet. Große Interpreten wie Sir Simon Rattle haben sich heimlich eingeschlichen, um Günter Wand bei der Probe zu erleben.

Gemeinsam mit Barbara bin ich zu allen Sinfoniekonzerten gegangen, die er in Hamburg gegeben hat. Dort hatte der NDR ihn als seinen Chefdirigenten engagiert. Wir haben ihm nach den Konzerten jedes Mal Gesellschaft geleistet, was für ihn immer wichtig war, um wieder zu sich selbst zu finden.

Jedes Konzert nahm diesen Mann so in Anspruch, physisch wie psychisch, dass er wie in einer anderen Welt war. Danach war er manchmal grob, manchmal stumm. Es war erst dann alles gut, wenn er nach dem Essen einen Wodka trank. Der musste aber kalt sein – wehe, er war nicht kalt! Wenn er kalt war, trank er ihn mit Genuss und steckte sich dazu eine dicke Zigarre an. In diesem Moment fiel alles von ihm ab, was er an Anstrengung hinter sich gebracht hatte. Man darf nicht vergessen, er war schon über achtzig, als wir ihn kennenlernten – ein großer, hagerer Mann.

Zum Geburtstag schenkte er mir einmal seinen Taktstock. Ich habe mich nie getraut, ihm zu gestehen, dass ich gelegentlich selbst einen Taktstock in die Hand nahm und meine »Due Quartetti« dirigierte. Sein Taktstock war nie dabei. Das verbot die Pietät.

Wand hatte aber auch etwas Schulmeisterliches. Er erzählte gerne die Geschichte von einem Konzert mit dem Gürzenich-Orchester, bei dem er zeitgenössische Werke dirigierte, die »Fünf Orchesterstücke« von Anton Weber. Das ging einigen Kölnern derart auf die Nerven, dass sie den Konzertsaal Türe knallend verließen. Daraufhin drehte sich Wand um und rief in den Saal: »Das Stück hat sich Ihnen offenbar noch nicht so recht erschlossen. Wir werden es gleich noch einmal wiederholen.« Das Publikum rief: »Nein!« Aber das störte Wand nicht im Geringsten.

Begegnungen dieser Art gehörten zu den Möglichkeiten, die der Posten als Programmdirektor mir eröffnete. Aber ich konnte in dieser Funktion auch viel für mein Herzensthema bewegen. Ein kurzer Nachrichtenfilm, mit dem die BBC auf eine große Hungersnot in Äthiopien aufmerksam gemacht hatte, löste in deutschen Redaktionsstuben 1984 eine hitzige Debatte aus. Man fragte sich: Sind die Medien in einer solchen Situation gehalten, sich auf eine reine Berichterstattungsrolle zu beschränken? Oder sind sie nicht geradezu verpflichtet, Seite an Seite mit anerkannten Hilfswerken selbst tätig zu werden?

Als ehemaliger Afrika-Korrespondent, der oft erlebt hatte, wie Hunderte, ja Tausende von Menschen von Hunger und Durst bedroht wurden, fühlte ich mich in der Pflicht. Mir konnte nicht egal sein, was dort am Saum zwischen Wüste und Steppe, im Sahelgürtel, passierte. Nachdem ich mir in unzähligen Telefongesprächen und durch tagesaktuelle Lektüre einen ungefähren Überblick über die Dimensionen der Katastrophe verschafft hatte, setzte ich mich mit den kirchlichen Hilfswerken in Deutschland in Verbindung. Ich fragte, ob sie sich in der Lage sähen, ihre Arbeit an Ort und Stelle zu intensivieren, sollten ihnen zusätzliche Mittel zufließen. Die Antwort war ein übereinstimmendes Ja.

Wir nutzten den Karfreitag, um in der ARD einerseits über die Lage im Sahel zu berichten und andrerseits, um Spenden zu bitten, die deutsche Hilfsorganisationen in die Situation versetzen sollten, ihre Arbeit an Ort und Stelle zu verstärken. Das Resultat war überwältigend.

Die Hilfswerke bezifferten die Spendengelder der Karfreitagsaktion auf rund zwölf Millionen D-Mark. Zwar konnte niemand die Hand dafür ins Feuer legen, dass jede Mark ihr Ziel erreichen würde. Aber wer in Afrika eine solche Messlatte anlegt, ist von vornherein zum Scheitern verurteilt. Wenn eine Organisation hingegen die Ressourcen hat, ihre Hilfsgüter von der Zusammenstellung bis zur Verteilung persönlich zu begleiten, ist die Gefahr, dass unterwegs etwas »abgezweigt« wird, schon viel geringer. Und darauf hofften wir.

Da die Hungersnot trotz aller Hilfsmaßnahmen anhielt, wendeten wir uns am 23. Januar 1985 mit einem »Tag für Afrika« noch einmal an die Öffentlichkeit. Um die Mittagszeit öffnete ich die Fenster meines Büros im NDR. Obgleich es ein ganz normaler Wochentag war, läuteten überall in Hamburg und darüber hinaus in der ganzen Bundesrepublik die Kirchenglocken. Wir hatten uns mit den Kirchen verabredet: Niemand in Deutschland sollte am »Tag für Afrika« die Kampagne einfach ignorieren können.

In diesem Moment betrat mein Sendeleiter Jürgen Meier den Raum und sagte: »Wir haben es geschafft.«

»Was haben wir geschafft?«, fragte ich überrascht. Es stellte sich heraus, dass eine Hochrechnung der Banken soeben ergeben hatte, dass das Spendenergebnis die Grenze von 100 Millionen D-Mark überschritten hatte. Auch Bundeskanzler Helmut Kohl zückte am Abend vor den Kameras der *Tagesschau* seine Brieftasche, steckte 300 D-Mark in den Sammeltopf und sagte sinngemäß: »Na, dann wollen wir heute auch mal was Gutes tun.«

Am Ende ließen uns die Hilfswerke wissen, dass sich die Gesamtsumme des Tages mit Vorlauf und Nachlauf auf zirka 180 Millionen D-Mark beliefe.

So glücklich wir damals über das Ergebnis waren: Einige Organisationen meinten auch, den Leuten die Portemonnaies zu öffnen, sei nicht so schwierig, wie ein nachhaltiges Bewusstsein zu schaffen. Wir haben diesen Einwand ernst genommen und uns unter den europäischen Rundfunkanstalten Verbündete gesucht. Unser Ziel: einen Verbund herzustellen von Redakteuren und Fachleuten der Hilfswerke, um gemeinsam Programme zu den Themen Umwelt, Entwicklung, Energie zu produzieren. Wir nannten unsere Initiative »One World« und wählten den damaligen BBC-Vertreter in dem Kreis, Richard Cogan, zum Vorsitzenden.

Das größte Aufsehen erregte diese Gruppe 1990 mit dem

Fernsehfilm *Der Marsch*. Darin wird gezeigt, wie sich Massen von Afrikanern auf den Marsch durch die Wüste vorbereiten, das Mittelmeer erreichen und nach Spanien übersetzen, um an die Tore Europas zu klopfen, wo sie aber nicht eingelassen werden. Es ist ein Szenario, das uns heute relativ bekannt vorkommt. Aber damals, als der Film zum ersten Mal in Europa gezeigt wurde, meinten viele, da sei uns wohl die Fantasie etwas üppig ins Kraut geschossen. Ich hingegen fand, wir hatten uns noch zurückgehalten.

In der *Tagesschau*, die unmittelbar vor *Der Marsch* gesendet wurde, war an dem Tag ein Fischkutter gezeigt worden, der von Albanien nach Brindisi gefahren war, mit Hunderten von Flüchtlingen, die den Kahn beinahe zum Kentern gebracht hatten. Alles Zufall? Natürlich. Aber Realität und Fantasie waren an diesem Tag nicht weit voneinander entfernt auf Europas Bildschirmen.

Eines der aufregendsten Erlebnisse in meiner Zeit als Programmdirektor war eine Einladung, die mich aus Peking erreichte. Es gab dafür eine Vorgeschichte. Eines Tages rief mich der Fernsehspielchef an und sagte: »Das zentrale chinesische Fernsehen CCTV hat die alte chinesische Sage ›Der Traum der roten Kammer‹ zu einer sehr opulenten Fernsehserie verarbeitet. Peking ist interessiert daran, dass die Serie auch in Europa gezeigt wird, und bietet sie deshalb zu sehr günstigen Bedingungen an. Sollten wir mit einsteigen?«

Ich hatte eine Vorstellung davon, wie die klassische chinesische Oper klingt und war mir sicher, nichts würde unseren Zuschauern so schnell den Fernsehgenuss verleiden wie dieser Mix aus Schauspiel und Musik. Andererseits stellte ich mir die Frage: Was verstehst du eigentlich von der chinesischen

Musikgeschichte? Nix. Und dann blockierst du hier ein Angebot, das in anderen Teilen der Welt ein großes Kunstwerk ist.

Es folgte eine Reihe sehr ausführlicher Gespräche, am Ende wurde die komplette Serie gesendet, jeweils am Sonntagvormittag, und zwar im Originalformat, mit ganz wenigen Verständnishilfen. Und siehe da: Das Publikum lief uns nicht davon, die Kritik lobte unseren Unternehmergeist, Peking war glücklich, und ich durfte für weitere Verhandlungen mit CCTV nach China reisen.

Im Anschluss an die Gespräche mit meinen chinesischen Kollegen machte ich mit der Familie eine Ferienreise durch das Land. China war zu dieser Zeit im Umbruch. Man ahnte, dass es in fünf Jahren ganz anders sein würde. Und als wir in Frankfurt wieder aus dem Flugzeug stiegen, schien uns die Welt so fremd geworden, dass wir noch drei Tage der Akklimatisierung einlegten. Bei Reisen durch andere Weltgegenden ist mir das sonst nie passiert.

Nach meiner Wahl und Wiederwahl als Programmdirektor wäre ich Ende 1989 gerne als Reporter, der sich hauptsächlich um Themen der Entwicklungspolitik kümmert, in das Programm zurückgekehrt. Aber mein Nachfolger, Jürgen Kellermeier, war anderer Meinung. »In der Dritten Welt haben wir mittlerweile überall unsere eigenen Studios und Korrespondenten. Du hast dir inzwischen einen Namen als Königshausexperte gemacht. Dabei solltest du bleiben«, riet er mir. So war also wieder der »Königsfritze« gefragt. Afrika und den Entwicklungsländern bin ich aber bis heute durch mein ehrenamtliches Engagement treu geblieben.

»Königsfritze«

Ich habe mich das selbst oft gefragt: Wann wurde ich eigentlich das erste Mal in meinem Leben auf das britische Königshaus aufmerksam? Das muss 1953 gewesen sein, das Krönungsjahr von Elizabeth II. Ich war damals sechzehn. Die Krönung wurde in einem großen Farbfilm festgehalten, und dieser wurde dann überall in den Lichtspieltheatern der Welt gezeigt, das neue Medium Fernsehen hatte seinen Siegeszug gerade erst begonnen. Meine Mutter fragte mich, ob ich nicht Lust hätte, mit ihr ins Kino zu gehen. Eine Krönung? Die interessierte mich damals wirklich sehr wenig. Aber gut erzogen, wie ich war, habe ich sie dann doch begleitet.

Das zweite Mal habe ich dann schon quasi beruflich mit der Queen zu tun gehabt, als junger Hörfunkreporter im hannoverschen Funkhaus 1965. Sie kam zu ihrem ersten Staatsbesuch nach Deutschland und besuchte auch Hannover, den Stammsitz der deutschen Verwandtschaft des Hauses Windsor. 1981 heirateten dann ja Charles und Diana – die Fernsehübertragung war ein großer Publikumserfolg. Gleichzeitig ärgerte es mich, wie gerade in Ländern, die nie eine parlamentarische Monarchie erlebt hatten, das Haus Windsor nur in der Rubrik »Skandale und Skandälchen« vorkam. Obgleich ich 1985 an meinem Programmdirektoren-Schreibtisch sitzen sollte, suchte ich eine Gelegenheit, über dieses Imageproblem mit der Pressestelle des Buckingham-Palasts zu reden. Mit Erfolg: Man erlaubte uns, als Deutsches Fernsehen in den kommenden Monaten einige offizielle Termine wahrzunehmen. Interviews hingegen werde es kaum geben, es sei nun unsere Sache, aus diesem Angebot etwas zu machen.

Damit war die Sendung *Royalty – ein Jahr im englischen Königshaus* geboren, und meine Karriere als Königsfritze nahm ihren Anfang. Wir haben den vier Jahreszeiten folgend sehr schöne Aufnahmen von den offiziellen Auftritten der Royals gemacht und die mit nicht minder schönen Aufnahmen von Schlössern, Gebäuden und Gemälden verbinden können. Aber die Frage war natürlich immer: Wann bekommen wir endlich die Interviews, die wir so gerne hätten?

Wir hatten Anfragen über Anfragen geschickt. Zunächst vergeblich, aber dann bewegte sich etwas. Plötzlich hatten wir eine Zusage von Prinzessin Anne. Dieses Interview mit ihr ist mir erklärlich durch die Tatsache, dass sie damals eine schlechte Presse in England hatte. Sie ritt viel, und die Fotografen warteten nur darauf, dass sie aus dem Sattel herunterflog, im Matsch landete und dann völlig verdreckt dastand. Leider passierte uns beim Aufbau der Kameras für das Interview das Unglück, dass wir mit dem Führungshebel der Kamera an einen Trophäenschrank stießen. Mit einem Riesenkrach brach eine ganze Kristallscheibe zusammen. Wie war das passiert? Es blieb ungeklärt, und wir guckten uns ratlos an. Ausgerechnet bei meinem ersten royalen Interview, um das ich so lang hatte feilschen müssen! Aber der stellvertretende Pressesekretär verständigte augenblicklich das Reinigungskommando, und innerhalb von fünf Minuten war alles entfernt. Ich sagte: »Selbstverständlich zahle ich den Schaden«, aber eine Rechnung kam nie an. Eigentlich schade, denn so habe ich kein Souvenir, auf dem »Buckingham Palace« steht.

Es folgte dann eine etwas merkwürdige Situation, in der ein deutscher Reporter sich mit einer englischen Prinzessin über die Stillzeiten von afrikanischen Frauen austauschte. Anne als Präsidentin des Kinderhilfswerks »Save The Children« und ich als langjähriger Afrika-Korrespondent hatten uns in unserem Leben beide hinlänglich über Fruchtbarkeit und Laktationsperioden in Afrika Gedanken gemacht und waren erfreut, ineinander kompetente Gesprächspartner gefunden zu haben.

Aber damit unser Vierteiler *Royalty* ein durchschlagender Erfolg würde, brauchten wir noch ein weiteres hochrangiges Familienmitglied als Interviewpartner. Die Queen schied aus, Prinzessin Anne und ihr Vater, der Herzog von Edinburgh, hatten uns schon empfangen, kam also nur Charles, der Prince of Wales, infrage.

Wir setzten wirklich alle Hebel in Bewegung. Ich habe mit dem Palast gesprochen, mit dem Pressesekretär des Thronfolgers, und zwei- oder dreimal habe ich auch irgendwelche Fragebögen eingereicht. Aber es reichte nie. Bis es dann irgendwann an entscheidender Stelle sogar hieß: »Lassen Sie es! Der Prince of Wales steht für Sie nicht zur Verfügung.«

Doch aufgeben wollte ich noch nicht. Ich brachte den deutschen Botschafter in London und den britischen Botschafter in Bonn ins Spiel. Die fanden das an sich eine schöne Idee, aber natürlich war auch ihr Einfluss nur begrenzt.

Ganz zum Schluss fiel mir ein, dass es ja Schwestern des Herzogs von Edinburgh gab, die in Deutschland verheiratet waren. Eine von ihnen mit Prinz Georg Wilhelm von Hannover, den ich schon bei anderer Gelegenheit kennengelernt hatte. Sie wohnte in der Nähe von München und hieß in London Princess George.

Irgendwie habe ich ihre Telefonnummer rausgekriegt und angerufen. Es meldete sich am anderen Ende der Leitung eine tiefe Stimme. Das war sie selbst, und sie fragte: »Wie ist Ihr Name?« Ich stellte mich vor. Dann sagte sie: »Rufen Sie mich morgen zur selben Zeit wieder an.« Das tat ich, und sie erklärte: »Ich habe in meinem Kalender nachgeguckt. Ich schreibe mir über Fernsehsendungen, die mir gefallen, immer etwas auf. Ich habe etwas von Ihnen gesehen, das hat mir gut gefallen. Ich werde mal sehen, was ich für Sie tun kann.«

Offenbar telefonierte sie nach diesem Gespräch mit ihrem Neffen Charles in London, denn die Stimme, die gesagt hatte, »Der Prince of Wales steht für Sie nicht zur Verfügung«, rief an und meinte: »Rolf, ich weiß nicht, was passiert ist, aber ich habe die Anweisung, ein Interview für Sie zu arrangieren. Wann passt es Ihnen?«

Ich war sehr stolz, dass das geglückt war!

Vierzehn Tage später, es war Sommer, hatten wir einen Termin im Kensington-Palast. Prinz Charles kam ohne Begleittross die Treppe herunter, aus dem ersten Stock ins Parterre, wo wir die Kamera aufgebaut hatten, und sagte: *»You must be a very good friend of my aunt.«* (»Sie müssen ja sehr gut mit meiner Tante befreundet sein.«) Ich stand da, in meinem Tweed-Anzug mit Weste und erwiderte: *»Yes, Your Royal Highness.«*

Damit war klar, dass Princess George mit ihrem Neffen gesprochen hatte. So konnte ich damals dieses relativ lange Interview mit ihm machen. Als es zu Ende war, sah Charles, wie mir der Schweiß in Strömen über das Gesicht rann, und sagte: *»Next time you should rather wear something lighter«* (»Nächstes Mal sollten Sie vielleicht etwas Leichteres tragen«), wobei er auf seinen blauen Anzug wies. Im Sommer Harris-Tweed zu tragen, sei keine gute Idee.

Dieses Interview mit Charles war sicher im Hinblick auf weitere Kontakte mit dem Königshaus sehr hilfreich. Das sprach sich dann auch in der journalistischen Community herum, wo es hieß: »Der Seelmann hat mit Prinz Charles geredet!«

Charles gab nie viele Interviews. Wenn er welche gab, dann ohnehin nur für das britische Fernsehen. Aber er hatte sich für uns über eine halbe Stunde Zeit genommen. Wir waren uns sympathisch und haben über interessante Themen geredet. Ich hatte den Eindruck, den auch viele andere haben: dass er bei kritischen Fragen nicht um den heißen Brei herumredet, sehr ehrlich ist, nichts zu beschönigen versucht.

Wenn man sich das Interview heute anhört, muss man sagen, er war schon damals sehr eloquent. Äußerst selbstkritisch sagte er zum Beispiel, als es um die Landwirtschaft in Cornwall ging, die unter anderem sein Einkommen als Herzog von Cornwall liefert: *»I am a Jack of all trades and haven't learned it from my father's knees.«* (»Ich bin ein Hansdampf in allen Gassen und habe das nicht von der Pike auf gelernt.«) Das war die Zeit, wo man im Fernsehen oder in den Illustrierten sah, wie er Ställe ausmistete oder Zäune reparierte. Da hat er mir sehr imponiert.

Typisch für ihn war sein Auftritt 1984, als das Royal Institute of British Architects sein 150-jähriges Jubiläum feierte. Charles war als Festredner eingeladen. Statt den erwarteten Lobgesang anzustimmen, verurteilte er das Prestigeprojekt eines Erweiterungsbaus für die National Gallery in London in Grund und Boden, als er sagte, es sähe aus wie das »Karbunkel auf der Haut eines geliebten Freundes«. Daraufhin trat eine jahrelange Sendepause zwischen dem Prince of Wales und den Architekten ein.

Später habe ich noch zweimal direkt mit ihm zu tun gehabt.

Das britische Fernsehen hatte eine Dokumentation über Umweltfragen und eine weitere über Probleme der Stadtentwicklung gedreht und Prinz Charles angetragen, in ihnen als Moderator aufzutreten. Das hat er dann auch getan. Der NDR hat die Dokumentationen erworben. Meine Hoffnung war, dass wir Charles überreden könnten, für beide Filme eine kleine Einleitung in Deutsch zu sprechen. Dazu war er ebenfalls bereit, nachdem wir eine Weile die deutsche Aussprache und Betonung gemeinsam geübt hatten. Er war ein gelehriger Schüler.

Royalty – ein Jahr im englischen Königshaus wurde 1985 mit der »Goldenen Kamera« ausgezeichnet. Der Vierteiler wurde mehrfach ins Ausland verkauft, sogar nach England. Channel Four hatte gerade seinen Sendebetrieb aufgenommen und fand es wohl spannend, seinen Zuschauern zu vermitteln, wie ein deutsches Fernsehteam die Queen und ihre Familie darstellen würde.

Die englische Fassung sollte von mir selbst gesprochen werden. Das Ergebnis war, dass ich von Damen, überwiegend Lehrerinnen, stapelweise mit Briefen eingedeckt wurde, die mir rieten, meine englische Aussprache dringend zu verbessern: *»Dear Mister Seelmann-Eggebert, how nice to see your good work! However, there is one thing I actually want to point out: the vs and the ws you still need to practice.«* (»Lieber Herr Seelmann-Eggebert, es war schön, Ihren guten Film zu sehen, aber eine Sache muss ich Ihnen sagen: Die Vs und Ws, die müssen Sie noch üben.«)

Ich habe danach keine weiteren englischen Synchronfassungen mehr selbst gesprochen, aber noch den einen oder anderen Film über königliche Häuser gemacht.

Wenn man sich als Königsfritze geoutet hat, bleibt es nicht aus, dass man Tag für Tag mit irgendwelchem Klatsch konfrontiert wird. Als Charles und Diana 1987 Deutschland besuchten, tauchten die ersten Gerüchte auf, dass es um die Ehe der Wales nicht zum Besten bestellt sei. Ich habe darüber lange geschwiegen, bis John Major, damals Premierminister, im britischen Unterhaus aufstand und sagte, er müsse im Auftrag des Buckingham-Palasts zu seinem eigenen Bedauern mitteilen, dass Prince und Princess of Wales beschlossen hätten, sich zu trennen.

Wahrscheinlich war ich der letzte Reporter, der diese Entwicklung öffentlich gemacht hat, aber ich schäme mich nicht dafür. Es gibt private Befindlichkeiten, die nicht in die Öffentlichkeit gehören. Das sehen und sahen viele Kollegen meiner Zunft anders, insbesondere Fotografen. Sie betrachteten Charles und Diana buchstäblich als Freiwild. Ihren Höhepunkt erlebte diese Entwicklung am Todestag der Prinzessin, als Pressevertreter beschuldigt wurden, Diana bei dem Unfall in Paris geradezu in den Tod getrieben zu haben. Damals war das Verhältnis von Palast und Presse völlig vergiftet, und es hat lange gedauert, bis es sich wieder normalisiert hat.

Auch wenn von den Windsors mehr die Rede ist als von den anderen Königshäusern: In Europa gibt es davon sieben, außerdem das Großherzogtum Luxemburg und die Fürstenhäuser Liechtenstein und Monaco. Alle zehn Häuser haben mich irgendwann zu einem persönlichen Gespräch empfangen.

Den lustigsten Start habe ich in Brüssel hingelegt. Ich wurde dem belgischen Königspaar im Laken-Park vorgestellt und ging mit großer Selbstverständlichkeit auf Königin Fabiola zu, um ihr guten Tag zu sagen. Dabei bemerkte ich, wie sie mit dem Zeigefinger eine komische Bewegung nach links machte, wo der König stand. Das hat mich aber nicht weiter beeindruckt. Ich habe ihre Hand genommen, gedrückt und mich vorgestellt. Daraufhin hat sie mich nett begrüßt. In dem Augenblick, in dem ich dann vor König Baudouin stand, also einfach einen Schritt weiter nach rechts machte, wurde mir klar, was ich angerichtet hatte. Ich hatte nicht den König, die Person, die zuerst hätte angesprochen werden müssen, begrüßt, sondern die Nummer zwei, seine Frau. Das war natürlich ein ganz schrecklicher Fauxpas! Und die Königin hatte mir noch zu bedeuten versucht, dass ich einen Fehler machte, indem sie nach links auf ihren Mann deutete.

Glücklicherweise erwies sich der König als ein besonders liebenswerter Gastgeber. Er tat mir sogar noch den Gefallen, mir auf einer Bank im Park ein Interview zu geben. Ich durfte es nicht direkt zitieren, aber in indirekter Sprache konnte ich damit machen, was ich wollte. Als er 1993 ganz überraschend starb, wiederholte das belgische Fernsehen eine Reihe von Filmen über das Königshaus, darunter auch unseren Film.

Bei den Niederländern ist es so gewesen, dass ich sozusagen ein Examen bei der damaligen Königin ablegen musste. Beatrix hatte mich über ihren Pressereferenten gebeten, doch zum Tee zu erscheinen, um ihr zu erklären, was wir vorhätten. So trat ich dann eines Nachmittags in einen illustren Kreis: Da saßen die Königin, ihr Ehemann Prinz Claus, der Pressereferent und ich. Prinz Claus war als Claus von Amsberg in Deutschland auf die Welt gekommen und lernte dann nach seiner Ausbildung als Diplomat die künftige Königin Beatrix kennen. Die Hochzeit in den Niederlanden wurde von antideutschen Krawallen überschattet. Später wurde der Prinzgemahl der beliebteste Deutsche in Holland.

Wir aßen wunderbares Gebäck, tranken Tee und plauderten ein wenig. Es wurde sehr schnell deutlich, dass die Königin gekommen war, um mir zu beschreiben, wie unser Film aus ihrer Sicht aussehen könnte. Das ging so weit, dass sie mir erklärte, über welches Rosenfeld ich mit einem Hubschrauber in welchem Winkel und mit welcher Distanz fliegen sollte, damit ich die besten Aufnahmen bekam. Es stellte sich heraus, dass sie eine begeisterte Acht-Millimeter-Filmerin war, alles ganz genau wusste und mir die entsprechenden Ratschläge gab. Das war wirklich sehr erfreulich, denn wir konnten sozusagen von Kollegin zu Kollege miteinander sprechen. Am Ende musste uns der Pressesprecher irgendwann unterbrechen: »Majestät, Herr Seelmann-Eggebert ist auf einen Flug nach Hamburg gebucht. Darf er jetzt gehen?«

Als wir dann unser Interview aufnahmen, stand mein Regisseur, István Bury, insofern vor einer schwierigen Aufgabe, als sich die Königin gerade ein Bein gebrochen hatte und einen dicken Gipsverband trug. Den sollte man natürlich nicht sehen. Das tat man am Ende auch nicht, weil das Team das betroffene Bein unter einer großen Tischdecke verborgen hatte und wir ganz ohne Einschränkungen unseren Film drehen konnten.

Später führten wir noch ein weiteres Interview, das mir vor allem deshalb im Gedächtnis geblieben ist, weil es verdeutlichte, dass Königin Beatrix ihre Rolle sehr viel politischer verstand als zum Beispiel die Queen von England. Wenn sie auf irgendeinen Missstand im Land stieß, wollte sie der Sache auf den Grund gehen. Sie ließ dann auch Minister zur Berichterstattung antreten.

Ein weiterer Unterschied: Königin Elizabeth übt ihr Amt aus bis zum Lebensende. Königin Beatrix dankte 2013 zugunsten ihres ältesten Sohnes ab. Willem-Alexander ist im Übrigen unter den mir bekannten Königen derjenige gewesen, der sich mit seiner Frau Máxima den längsten Hochzeitskuss geleistet hat – mit ungefähr fünfzehn Sekunden. Das hat kein anderes königliches Paar geschafft, das ich beobachtet habe.

Einen Film über das spanische Königshaus zu drehen, war schwierig, weil sich König Juan Carlos ungern interviewen ließ, insbesondere, wenn er Englisch sprechen musste. Das Gespräch war dann aber sehr nett: Juan Carlos legte Wert darauf, dass die gesamte Familie daran teilnahm. Das heißt, wir versammelten uns im Salon des Zarzuela-Palasts, früher ein Jagdschloss, heute die offizielle spanische Residenz, und ich erlebte die Traumsituation, dass sich die gesamte Familie dort eingefunden hatte. Niemand ahnte damals, dass der König die spanische Krone noch zu Lebzeiten an seinen Sohn, Kronprinz Felipe, weiterreichen würde.

Am meisten imponierte mir Königin Sofía, die als griechische Prinzessin auf die Welt gekommen war. Sie erzählte, wie leicht für sie der Wechsel von Griechenland nach Spanien gewesen sei. »Nach einem Jahr sprach ich die Sprache fließend«, was sicher auch die Spanier gewürdigt haben. Als wir die Interviews beendet hatten, schickte Juan Carlos seinen Adjutanten in den Keller. Nach kurzer Zeit kam er wieder rauf mit zwei großen Kisten Havanna-Zigarren. Eine für István Bury, eine für mich. Ich habe meine Zigarren so lange in Ehren gehalten, dass sie am Ende völlig ausgetrocknet und ungenießbar waren.

Später wurde Juan Carlos aufgrund von Gesundheits- und Imageproblemen gezwungen, zugunsten seines Sohnes Felipe frühzeitig abzudanken – ein großer Kummer für Spanien, das dem ehemaligen König nach Franco, dem Diktator, die Rückkehr in die Demokratie verdankte.

»Und welche Königsfamilie mögen Sie besonders gerne?«

Das ist eine der Fragen, die mir am häufigsten gestellt werden. Ich verweise dann darauf, dass ich wegen meiner Korrespondententätigkeit in London besonders viel mit dem britischen Königshaus zu tun gehabt hätte, aber dass ich den besten Zugang zum schwedischen Königshaus hätte. Das hat natürlich auch damit zu tun, dass die schwedische Königin Silvia in Deutschland geboren ist, als Tochter eines deutschen Vaters und einer brasilianischen Mutter, Deutsch spricht und ihre deutschen Wurzeln nie verleugnet. Ihr fällt kein Zacken aus der Krone, wenn sie ihren multikulturellen Hintergrund so beschreibt: »Meinen Kopf verdanke ich den Deutschen, mein Temperament den Brasilianern, meine Seele den Schweden.« Es macht ihr nach wie vor Spaß zu beschreiben, wie sie die Presse an der Nase herumgeführt hat, nachdem sie ihren künftigen Mann, König Carl Gustaf, bei den Olympischen Spielen 1972 in München kennengelernt hatte. Der damalige Prinz und Silvia, eine der Chefhostessen, verhielten sich bei ihren Verabredungen so diskret, dass die Journalisten später aus allen Wolken fielen.

Ich gebe zu, ich bewundere die Königin, wie sie damals mit ihrem jugendlichen Charme die Schweden für sich gewonnen hat. Wie sie später mit den Problemen der Kinder (Legasthenie, Bulimie etc.) umgegangen ist – offen, für die ganze Nation nachvollziehbar. Wie sie sich, als die eigenen Kinder aus dem Haus waren, für die Kinder dieser Welt eingesetzt hat, indem sie die »World Childhood Foundation« gegründet hat. Diese Organisation beruht auf der Zusammenarbeit von vier Stiftungen in Brasilien, Deutschland, Schweden und den USA. Zu Beginn stand die Arbeit für Kinder in den Entwicklungsländern im Vordergrund. Mittlerweile hat sich der Schwerpunkt der Arbeit etwas verschoben, Richtung Ausbeutung und Missbrauch von Kindern generell. Königin Silvia ist für ihr Engagement vielfach ausgezeichnet worden.

Ein Tag, den ich nie vergessen werde, war der 11. September 2001. Im Schloss von Stockholm inspizierte Königin Silvia die Tafel, die in der Galerie Karls XI. gedeckt war. 150 Gäste können daran Platz nehmen. Am nächsten Tag sollte der deutsche Bundespräsident Johannes Rau zu einem Staatsbesuch in Schweden eintreffen. Die Hausherrin ließ es sich nicht nehmen, persönlich nach dem Rechten zu sehen. Wir durften mit unserer Kamera dabei sein. Aus den Magazinen waren prachtvolle Tafelaufsätze aus Silber, Glas und Porzellan geholt worden. Sie standen auf Damasttischdecken. Dort, wo der König seinen Platz hatte, in der Mitte der Tafel, entdeckten wir einen einsamen Eierbecher. »Früher«, erklärte die Königin, »wenn der Monarch nicht zufrieden war mit den Künsten seiner Küche, wurde ihm ein Ei serviert. Damit konnte man nichts falsch machen.« Wann das zum letzten Mal der Fall war, ist nicht dokumentiert, aber es ist zu einer Tradition geworden. Bevor am nächsten Tag die Speisen und Getränke aufgetragen wurden, mussten noch die Blumen über die Tafel verteilt werden und Kärtchen, die den Gästen anzeigten, wo sie Platz nehmen sollten.

Während wir das beinahe vollendete Werk bewunderten, betrat plötzlich die Pressechefin des Palasts, Elisabeth Tarras-Wahlberg, die Galerie und informierte die Königin, dass aus New York ein geheimnisvoller Flugzeugabsturz gemeldet worden sei, die Bilder würden live im Fernsehen gezeigt.

Die Königin verabschiedete sich eilig von uns: »Bis morgen!« Aber Stunden später stand fest, dass es dieses Morgen so nicht geben wird. Der geplante Staatsbesuch wurde abgesagt. Der Bundespräsident flog direkt von Finnland, wo er sich aufgehalten hatte, zurück nach Berlin. Die stolze Tafel in Stockholm wurde wieder abgeräumt. Der al-Qaida-Terror hatte die Welt in Stunden verändert.

Wenn ich der Königin heute begegne, dauert es nicht lange, bis einer von uns fragt: »Wissen Sie noch, damals, Nine-Eleven?«

Königin Margrethe von Dänemark habe ich als die Monarchin in Europa kennengelernt, die wie keine andere an Kunst und intellektuellen Themen interessiert ist. Sie ist auch selbst eine begabte und vielseitige Künstlerin. Zusammen mit ihrem Mann Henri, der ursprünglich ein französischer Diplomat war, hat sie Bücher übersetzt. Sie malt Aquarelle, klöppelt, fertigt Wandteppiche für Kirchen, entwirft Bühnenbilder. Als Staatsoberhaupt ist sie hoch angesehen. Königin Margrethe II. empfing uns 1990 in ihrem kleinen Arbeitszimmer im Stadtschloss von Kopenhagen, Schloss Amalienborg. Abgesehen von uns, ihrem Adjutanten und dem Kamerateam hatte niemand mehr Platz in dem schlichten, eleganten Raum.

Nach dem üblichen Small Talk fiel ich gleich mit der Tür ins Haus: »Ganz allgemein, Majestät, sprechen wir ja von einer ganz und gar anachronistischen Einrichtung. Die Monarchie ist in einer Zeit des Individualismus, der Demokratie etwas ganz Unzeitgemäßes. Andererseits reden wir von einer noch immer überaus erfolgreichen Institution. Welche Erklärung haben Sie dafür?«

»Ich weiß es nicht. Es ist, glaube ich, sehr schwer zu erklären«, antwortete sie. »Vielleicht braucht man in einer Zeit wie dieser so etwas wie einen Orientierungspunkt. Vielleicht ist das die Rolle, die heute die Monarchie für die Menschen spielt. Und weil die Monarchie außerhalb der Interessen von Parteien steht, kann man sich möglicherweise leichter an einem Königshaus orientieren als an einer Präsidentenfamilie, die fünf oder sieben Jahre im Amt bleiben mag. Und bei dem Präsidenten kommt noch hinzu, dass es immer irgendjemanden gegeben hat, der gegen ihn gestimmt hat, selbst wenn er mit überwältigender Mehrheit gewählt worden ist.«

»Natürlich hat ein Monarch, der – sagen wir – fünfundzwanzig Jahre regiert hat, auch einen großen Erfahrungsvorsprung gegenüber einem Präsidenten«, warf ich ein.

»Ich denke, dass es dabei nicht nur um die eigene Erfahrung geht«, erwiderte sie. »Es geht auch um den Fundus der Erfahrungen, die die Eltern gesammelt haben und die Generationen davor. Vieles davon gilt nicht mehr, weil sich die Zeit geändert hat. Aber auch das ist hilfreich, weil man auf diese Weise erkennt, dass sich die Zeit geändert hat, dass man vor 200 Jahren eben anders gehandelt hat. Und man lernt dann, dass man sich anders verhalten muss als die Eltern. Es ist ein Prozess der Anpassung der Monarchie an die Zeitläufte. Man versucht, das System stabil zu halten, aber nicht starr.«

Ich denke, dass die anderen Monarchien Europas meine Fragen ganz ähnlich beantworten würden, aber nicht jeder unter ihnen ist eine so begnadete Rednerin wie die Königin von Dänemark.

Dem norwegischen Königshaus haben Europas Monarchen insofern viel zu verdanken, als es mit der Zeit gegangen ist und sogenannte standesgemäße Sitten und Gebräuche entrümpelt hat. So musste König Olaf, der Vater des heutigen Königs Harald, noch darum bangen, ob die Monarchie in Norwegen nicht mit ihm zu Ende gehen würde, denn der Sohn war entschieden, eine Bürgerliche zu heiraten, und hatte gedroht, lieber auf die Krone zu verzichten als auf seine Frau. Nach der Affäre des englischen Königs Edward VIII. mit der Amerikanerin Wallis Simpson, die mit einer Abdankung geendet hatte, wog König Olaf die Risiken lange ab. Schließlich gab er nach. Der damalige Kronprinz Harald heiratete 1968 Sonja Haraldsen, ohne dass ein Aufschrei in Norwegen erfolgte.

Etwas Ähnliches ereignete sich in der nächsten Generation. Der norwegische Kronprinz Haakon hatte sich in eine junge Frau, Mette-Marit, verliebt, die nicht nur aus bürgerlichen Kreisen stammte, sondern obendrein als alleinerziehende Mutter auch ein Kind mit in die Ehe brachte. Diesmal geriet Harald unter Entscheidungsdruck. Konnte er einer solchen Konstellation zustimmen? Auch in anderen Ländern Europas gab es darüber Diskussionen. Wahrscheinlich war das sogar der wesentliche Grund dafür, dass der König der Eheschließung am Ende zustimmte. Niemand sollte versuchen, den Norwegern etwas vorzuschreiben. Ich bin sicher, dass es heute allenfalls hinter vorgehaltener Hand Geflüster gäbe, würde irgendwo eine zweite Mette-Marit in Erscheinung treten. Denn die Königshäuser sind oft moderner als ihr Ruf.

Das Königshaus, das ich am besten kenne, ist und bleibt das englische. Das liegt daran, dass ich sechs Jahre in England verbracht habe und dabei auch die Entwicklung der Königin beobachten konnte. Anfangs hatte sie eigentlich nur zwei Gesichter: ein fröhliches Gesicht, wenn ihr ein Kind einen Blumenstrauß überreichte; ein strenges, wenn sie eine Parade abnahm. Der Grund für ihre unerschütterliche Disziplin: Sie hatte miterlebt, dass die Krone in großer Gefahr gewesen war. Ihr Onkel, der abdankte, um seine Mrs Simpson heiraten zu können, hatte der Krone unendlichen Schaden zugefügt. Die Engländer haben damals gesagt, wenn man eine Krone in der Garderobe abgeben kann wie einen alten Hut, dann ist sie nicht viel wert. Danach ist es George VI. und seiner Frau Elizabeth, der späteren Queen Mum, gelungen, das Einvernehmen zwischen Volk und Krone wiederherzustellen, vor allem während des Zweiten Weltkriegs. Da waren sie das Symbol des Widerstands gegen Hitler. Und sie haben sich auch nicht gescheut, nach Bombennächten im Londoner East End aufzukreuzen, um denjenigen, die bombardiert worden waren, Mut zu zusprechen. Der König starb am 6. Februar 1952 unerwartet früh an Lungenkrebs. Seine Tochter Elizabeth war gerade auf einer Commonwealth-Reise, die sie dann in Kenia abbrach. Sie hatte diese ganze Geschichte mit ihrem Onkel und ihrem Vater miterlebt, zwar noch als junge Prinzessin, aber sie wusste genau, dass sie so sein musste wie der Vater: zuverlässig unter allen Umständen und nicht unzuverlässig wie der Onkel. Deshalb hat sie, glaube ich, in den ersten Jahren, vielleicht sogar Jahrzehnten, unter einem gewaltigen Druck gestanden. Sie musste erfolgreich sein.

Ich fand dann, dass sie in dem Augenblick, in dem sie Großmutter geworden ist und dann Urgroßmutter, viel lockerer geworden ist. Sie wird, nach wie vor, ihre Termine pünktlich einhalten, aber sie lacht heutzutage auch an anderen Stellen, als sie früher gelacht hätte. Ein Beispiel für diese Art von Saloppheit ist sicher der Einspielfilm gewesen, der anlässlich der Eröffnung der Olympischen Spiele in London 2012 gedreht wurde. Dass Elizabeth II. an einem Film mitwirkt, in dem James Bond gezeigt wird, wie er im Buckingham-Palast mit der Königin redet, dann mit ihr in den Hubschrauber steigt und die Queen abspringen lässt – früher unvorstellbar.

Ich glaube, am liebsten wäre sie nicht Königin geworden, sondern Gutsherrin. Ja, sie hätte gerne auf einem Gut gelebt, hätte ihre Pferde und ihre Hunde um sich gehabt. Sie trägt lieber ein Kopftuch als die Krone. Das war im Grunde auch ihr vorbestimmtes Schicksal. Hätte der Onkel nicht abgedankt, wäre das wahrscheinlich ihr Weg gewesen.

Sie hat sich früh gebunden, sie hat wohl nie eine Liebschaft gehabt, außerhalb der, die mit dreizehn oder vierzehn Jahren begann, als sie ihren späteren Mann Philip bei einem Besuch des Royal Naval College, Dartmouth, unmittelbar vor Beginn des Zweiten Weltkriegs kennenlernte. 1947 heirateten die beiden. Der Prinzgemahl ist seiner Frau ein Leben lang eine zuverlässige Stütze gewesen. Die Queen mag Familie, in einem gewissen Umfang. Wie in der englischen Gesellschaft üblich, besuchten ihre vier Kinder Charles, Anne, Andrew und Edward Internate.

Auch wenn es oft anders dargestellt wird: Die Queen hat Humor. Man sagt, dass sie die Mimik und Stimmen von Leuten nachmachen kann, wie sonst keiner in der Familie. Und sie kann gut entspannen. Sie macht das so wie die Masse ihrer Bürger in England auch: Sie zieht die Schuhe aus, legt die Beine hoch und sieht sich Fernsehserien an, nicht die intelligentesten, aber die lustigsten, munkelt man.

Nur einmal hat die Queen in ihrer Popularität eine Talfahrt ohnegleichen erlebt. Das war beim Tod ihrer Schwiegertochter Diana 1997. Da ist sie ganz persönlich unter Beschuss geraten, weil ihr nichts daran lag, Diana ein Staatsbegräbnis zu widmen. Denn diese war aus ihrer Sicht nicht mehr Mitglied der Familie, sondern durch die Scheidung gewissermaßen in den Schoß der Spencers zurückgefallen. Um Trauerfeier und Beisetzung sollte sich die Familie Spencer kümmern. Natürlich wollte sie nicht, dass die Fahne auf dem Buckingham-Palast auf Halbmast gesetzt wird. Selbst beim Tod eines Monarchen ist das nicht üblich. Die Fahne des verstorbenen Königs wird dann eingeholt, und die des neuen Monarchen gehisst.

Man sagt, dass insbesondere der Premierminister, damals Tony Blair, plus viele Freunde, Berater und andere Politiker der Königin tagelang zugesetzt haben, um ihr klarzumachen, dass sie in dieser Stunde der Trauer nach London gehört. Die Queen stellte sich damals auf den Standpunkt, dass sie sich in Schottland um die Enkelkinder kümmern müsse, die besonders betroffen waren vom Tod der Mutter. Das führte zu einem Aufschrei in der britischen Presse. Am Donnerstag der Trauerwoche gab es kaum eine Zeitschrift, die nicht spekulierte: *»Will Elizabeth II. be Elizabeth the Last?«* (»Wird Elizabeth II. Elizabeth die Letzte sein?«)

Die kurzen Bemerkungen des Premierministers, als er von Diana als *»the people's princess«* (»Prinzessin des Volkes«) sprach, hatten eine durchschlagende Wirkung. Dann kam der Freitag vor dem Trauergottesdienst am Samstag. In einer Liveübertragung vom Buckingham-Palast ließ die Königin Diana noch einmal auferstehen, betonte ihre positiven Seiten, insbesondere in ihrer Eigenschaft als Mutter der beiden Söhne. Und sie hat gewürdigt, dass Diana eben diese Fähigkeit besaß, Nähe entstehen zu lassen zwischen dem Königlichen Haus und der Bevölkerung. Am Samstag verneigte sich die Queen dann, als die Prozession mit dem Sarg den Buckingham-Palast erreichte. Das war die Geste, auf die die Briten fast eine Woche lang gewartet hatten. Die Übereinstimmung von Monarchie und Nation war wiederhergestellt.

Ich habe mehrfach im Leben Gelegenheit gehabt, ein paar Worte mit der Queen zu wechseln. Das Protokoll verlangt bei solchen Gelegenheiten: Nicht man selbst, sondern die Queen eröffnet das Gespräch. Man spricht sie zunächst mit *»Your Majesty«*, danach mit *»Ma'm«* an. Worüber geredet wird, bleibt selbstverständlich vertraulich.

Einmal habe ich gegen dieses Gebot verstoßen und berichte das hier, weil unser Dialog so typisch für die Schlagfertigkeit der Queen war. Sie war nach Berlin gekommen, um die neue britische Botschaft zu eröffnen. Nach dem eigentlichen Festakt schritt sie von einer Gruppe zur nächsten, und ich besaß die Dreistigkeit, auf sie zuzugehen und sie zu fragen: *»Your Majesty, we all wonder, how the Prince of Wales would have liked the building?«* (»Majestät, wir fragen uns hier gerade, wie der Prince of Wales das Gebäude finden würde?«) Ohne das Gesicht zu verziehen, kanzelte sie mich ab: *»Well, he isn't here, is he?«* (»Der ist ja wohl nicht da, oder?«) und marschierte weiter. Das saß. Da hatte man die Königin höchstpersönlich vor sich und fragte nach des Sohnes Meinung. Blamabel, blamabel.

Bei Lady Diana und Prinz Charles war das Protokoll nicht ganz so streng wie bei der Queen. Die beiden besuchten Hamburg 1987 aufgrund einer Einladung, die Bundespräsident Richard von Weizsäcker im Vorjahr bei seinem Staatsbesuch im United Kingdom ausgesprochen hatte.

Richard von Weizsäcker war Ehrenpräsident der Deutsch-Britischen Gesellschaft. Ich gehörte lange Zeit dem Vorstand an. Da liefen wir uns gelegentlich über den Weg. Dass er 1986 einen Staatsbesuch in Großbritannien vorbereitete, hatte ich gewusst. Wir sprachen darüber, was man als Staatsgast mitbringen kann. Und da habe ich ihm gesagt, dass wir alle ja nicht so ganz glücklich wären mit der Art und Weise, wie die britische Presse über Deutschland berichtet. Man schaute immer wieder zurück auf Hitler und den Nationalsozialismus, das neue Deutschland wurde oft durch diese Brille gesehen. Ob es nicht eine Idee wäre, einen deutsch-britischen Journalistenpreis einzurichten? Das hat er dann tatsächlich gemacht.

Rund zwei Jahrzehnte lang gab es diesen Preis, dessen Schirmherr auf deutscher Seite der Bundespräsident war und der Herzog von Edinburgh auf britischer.

Bei diesem Staatsbesuch hatte Weizsäcker also eine Einladung an Charles und Diana ausgesprochen, und im Jahr darauf reiste das Thronfolgerpaar nach Deutschland. Auch der NDR stand auf dem Besuchsprogramm.

Die Royals beim NDR – was für eine Neuigkeit: Wir begrüßten unsere prominenten Gäste in Lokstedt mit einem Hamburger Kinderchor. Dann beschrieb Peter von Zahn, ein Mann der ersten Stunde, Charles und Diana in blendendem Englisch die Anfangsjahre des Hörfunks in Hamburg unter britischer Leitung.

Die englische Delegation hatte zur Vorbereitung des Treffens gesagt: »Es wäre doch ganz schön, wenn bei dem Besuch irgendwo mal ein Stück britischer Technik zu sehen wäre.« Wir hatten eine englische Grafikanlage, wo man die Figurine einer Primadonna tanzen sah. Wir haben der Primadonna dann den Kopf von Diana aufgesetzt. Die guckte zwar bei dem Anblick etwas irritiert, aber fand das alles in allem wohl doch in Ordnung.

Danach setzten sie sich ins *Tagesschau*-Studio auf die Stühle, wo damals noch Karl-Heinz Köpcke und Dagmar Berghoff saßen. Auch der damalige *Tagesthemen*-Moderator Hanns Joachim Friedrichs war bei dem Besuch dabei. Ich überreichte dem Paar zwei Puppen aus einer Reihe von NDR-Puppenfilmen, für William und Harry. Dazu die Videokassetten, damit die Kinder die Filme auch sehen konnten. *»And these are the ›blue movies‹ for us, are they?«*, fragte Diana mit einem Schmunzeln. (»Und das sind die Erotikfilme für uns?«) Diana hatte Humor, konnte blitzschnell reagieren und war keineswegs so langweilig, wie der Hof sie gelegentlich geschildert hat.

Richard von Weizsäcker hat in meinem Leben auch später noch eine Rolle gespielt. Mit seiner Hilfe wäre es mir fast gelungen, das nie geführte Interview mit dem japanischen Tenno zu machen. Der Kaiser von Japan kam 1993 mit seiner Frau zum Staatsbesuch nach Deutschland. Aus diesem Anlass wollten wir ein Porträt von ihm machen. Es gab natürlich viel Material über ihn, aber mit ihm im Grunde gar nichts.

Er war zum Staatsbankett auf Schloss Augustusburg in Brühl geladen. Von Weizsäcker machte sich für uns stark. »Eure Kaiserliche Majestät, ein Journalist bittet um ein Interview. Würden Sie es ihm geben?« Da wandte sich der Kaiser an seinen Haushofmeister, der mit am Tisch saß. Dem fiel vor Verzweiflung fast die Gabel aus der Hand, er aß keinen einzigen Bissen mehr. Denn nach japanischem Verständnis ist der Tenno nicht nur ein verehrtes Staatsoberhaupt, ihn und seine Familie umgibt ein gewisses göttliches Flair. Am Ende ließ der Tenno von Weizsäcker wissen, es täte ihm leid, aber es sei ihm abgeraten worden. So kann ich nur vermuten: Ich bin sicher einer der Journalisten, die am nächsten an den Kaiser herangekommen sind, aber das letzte Tüpfelchen hat dann doch gefehlt.

Was nicht bedeutet, dass ich ihn nicht sehr sympathisch gefunden und nicht trotzdem ein Kaiserporträt gemacht hätte. Aber eben ohne ihn als meinen exklusiven Gesprächspartner.

Der Staatsbesuch, zu dem die Queen 1992 nach Deutschland kam, war insofern etwas Besonderes, als es ihr erster Besuch nach dem Fall der Mauer war. Eines Tages erhielt ich einen Anruf von der britischen Botschaft mit der Bitte, mich in der

Residenz des Botschafters zu einem Abendessen einzufinden. Dort diskutierte dann ein relativ kleiner Kreis von Kennern der deutsch-britischen Beziehungen bis tief in die Nacht hinein die Frage: Sollte die Queen Leipzig und Dresden besuchen, oder sollte sie im Hinblick auf das mörderische Bombardement durch die Alliierten am Ende des Zweiten Weltkriegs auf Dresden lieber verzichten? Der Bundespräsident wollte seinen Gast unter allen Umständen vor Anfeindungen jeder Art bewahren und deshalb den Besuch in Sachsen auf Leipzig beschränken. Ich schlug mich auf die Seite derjenigen, die den Besuch beider Städte für richtig hielten. Ich hatte die Königin als eine mutige Frau erlebt, nicht nur durch die allgegenwärtige IRA-Bedrohung im eigenen Land, sondern auch bei Reisen im Commonwealth. Ich argumentierte, die Königin würde es nicht verstehen, wenn man ausgerechnet Dresden aus ihrem Programm ausklammerte. Von Weizsäcker akzeptierte diese Begründung. So hat die Queen denn tatsächlich in der Dresdner Kreuzkirche einen Versöhnungsgottesdienst besucht. Es flogen ein paar Eier, von denen sie vermutlich gar nichts bemerkt hat. Eine Bibellesung in deutscher Sprache übernahm der Herzog von Edinburgh.

Mich hat das damals sehr berührt. Der Wagen der Königin fuhr auch um die von britischen Bombern zerstörte und damals noch nicht wieder aufgebaute Frauenkirche herum. Da traf es mich wie ein Schlag! Wir hatten alle versäumt, dafür zu sorgen, dass der Wagen hält und die Queen dort einen Kranz niederlegt. Als später die Frauenkirche ihr goldenes Kreuz wiedererhielt, hat sich auch die Königin an der Stiftung beteiligt.

Aus heiterem Himmel

Unsere Familie traf im Jahr 1997 ein schwerer Schicksalsschlag. Mitten in der Nacht schrillte das Telefon. Als ich den Hörer abnahm, war zuerst nur ein fernes Rauschen zu hören. Florian, unser Jüngster, damals sechsundzwanzig Jahre alt, machte mit einer Freundin Urlaub in Panama. Sollte das etwa ein Anruf von ihm sein? Und dann hörte man eine Stimme, und die Freundin berichtete, dass Florian beim Baden von einer Welle derart rabiat gedreht worden sei, dass er mit voller Wucht auf den Nacken geknallt sei – ein Wunder, dass die Freunde ihn lebend hätten bergen können. Der Befund: querschnittgelähmt.

Wir wussten sofort, dass dieser eine Moment am Strand von Panama Florians eigenes Leben, aber auch das von uns komplett verändern würde. Während die Kinder normalerweise ihre eigenen Wege gehen, sobald die Ausbildung abgeschlossen ist, kürzte Adele ihre Wochenarbeitszeit in Köln, um drei Tage in der Woche bei ihrem Bruder verbringen zu können. Sebastian hatte mehrere attraktive Anwaltsangebote, entschied sich aber für eine Kanzlei in Hamburg, um zur Verfügung zu stehen, wenn man ihn brauchte.

Für Barbara und mich war Florians Unfall das schlimmste

Ereignis, dem wir uns stellen mussten. Andererseits war die Hilfe, die Florian von seinen Geschwistern und Freunden zuteilwurde, ein großer Trost. Florian war der Stärkste unter uns. Wenn wir zu verzagen drohten, richtete er uns auf. Zu meiner großen Überraschung traf in den ersten schlimmen Wochen nach dem Unfall ein Brief aus dem St. James's Palace in Hamburg ein. Er enthielt ein langes Handschreiben des Prince of Wales, in dem er Florian mit sehr viel Einfühlungsvermögen Mut machte, die vielen Behinderungen so gut wie möglich zu überwinden. Dass Charles persönlich Anteil nahm an Florians Schicksal, hat mich sehr bewegt. Es ist ein Zeichen für seine Großherzigkeit.

Besonders hilfsbereit zeigte sich die Hochschule für Fernsehen und Film in München, an der Florian Produktion und Medienwirtschaft studierte. Schon ein paar Tage nach dem Unfall versicherte der Lehrkörper, dass Florian natürlich sein Examen an der Hochschule werde ablegen können. Wenn er nicht in der Lage sei, nach München zu kommen, würden die Professoren zur Prüfung eben nach Hamburg reisen. Genauso geschah es. Im Jahr 2000 versammelten sich zwei Prüfungskommissionen um Florians Esstisch in Hamburg und händigten ihm die Diplomurkunde der Hochschule aus.

Es fügte sich gut, dass ich zwei Jahre später in Pension ging. Denn zu diesem Zeitpunkt hatte Florian seine Produktionsfirma, die seelmannfilm gmbh, gegründet, unter deren Dach ich die nächsten fünfzehn Jahre als Autor und Filmemacher gearbeitet habe. Eine schöne Erfahrung. Ich habe in meinem Berufsleben nie einen besseren Chef gehabt als meinen Sohn.

Aus heiterem Himmel passierte noch etwas anderes, auch wenn ich bis heute nicht so recht weiß, wie ich eigentlich zu der Ehre gekommen bin: In den späten Neunzigerjahren, genauer gesagt 1999, bat man mich, die Aufgabe zu übernehmen, jeweils zum Tag der Deutschen Einheit am 3. Oktober die Verleihung des Bundesverdienstkreuzes im Präsidialamt zu moderieren. Jedenfalls fragte die Ordenskanzlei bei mir an. Ich sagte zu. Und so versah ich dann mindestens einmal im Jahr meinen Dienst im Schloss Bellevue.

Ausgezeichnet wurden jeweils zwischen dreißig und vierzig Personen. Der Bundespräsident rief die Namen auf, ich fasste die Verdienste in wenigen Sätzen zusammen, der Bundespräsident gratulierte und überreichte Orden und Ernennungsurkunde. Mein Honorar ließ ich an UNICEF überweisen, das Weltkinderhilfswerk, dessen Schirmherrin in Deutschland traditionell die Ehefrau des Bundespräsidenten ist.

Der erste Bundespräsident, dem ich als Moderator zur Seite stand, war Johannes Rau, der von 1999 bis 2004 das Amt innehatte. Ihn habe ich auch einmal bei einem Staatsbesuch nach Madrid begleitet. Ihm machte das königliche Protokoll Spaniens offenbar Spaß. Von Kavalleristen hoch zu Ross begleitet, fuhr er in offener Kutsche ins Rathaus, um dort den goldenen Schlüssel der Stadt in Empfang zu nehmen. »Mein Gott, hätten das meine Kinder gesehen, hätten sie vielleicht endlich mal Respekt vor ihrem Vater gehabt«, strahlte der alte Sozialdemokrat.

Auch Horst Köhler, der die Nachfolge von Rau antrat, habe ich als Moderator gedient. Uns verbindet das Interesse an Afrika, bei mir relativ früh erwacht, bei ihm im Lauf seines Arbeitslebens immer wichtiger geworden. Er hat die Autorität seines Amtes in vorbildlicher Weise dazu genutzt, die Probleme Afrikas transparent zu machen.

Ein Staatsbesuch in Accra, der Hauptstadt Ghanas, zu dem

er mich mitnahm, war eher eine Bildungs- und Informationsreise als das übliche Spektakel mit Uniformen, Märschen und Staatsbanketten. Was uns außerdem verbindet, ist die Tatsache, dass wir beide Kinder mit schweren Behinderungen haben, er eine erblindete Tochter, ich einen Sohn im Rollstuhl.

2006 bat mich der Norddeutsche Rundfunk, ein Fernsehporträt von Horst Köhler zu machen. Der Bundespräsident stimmte zu. Und so fand ich mich eines Tages mit meinem Team in Greifswald ein. Die Universität dort feierte ihr 550-jähriges Jubiläum. Die Kolonne der schwarzen Limousinen fuhr vor. Alle warteten gespannt, dass der Bundespräsident ausstieg. Stattdessen: Ein Damenhut wurde sichtbar, und dann gab es Beifall für Königin Silvia von Schweden, zu deren Begrüßung Ministerpräsident, Rektor und Oberbürgermeister herbeieilten. Im Hintergrund erkannte man eine zweite Fahrzeugkolonne, die eigentlich die erste hätte sein sollen.

»War das so vorgesehen?«, fragte der Bundespräsident, der die Königin hätte empfangen sollen und nicht sie ihn. Manchmal reagierte er auf solche Pannen ungehalten. Aber den Kopf, wie in feudalen Zeiten, kostet das niemanden mehr. Eine Baustelle hatte ihm den Weg versperrt.

Von Merkels Gnaden sei er ins Amt gekommen, sagten seine Kritiker. Diesem Eindruck versuchte er entgegenzuwirken. Unter Berliner Korrespondenten galt es zum Beispiel als offenes Geheimnis, dass Angela Merkel alles andere als amüsiert war, dass der Bundespräsident gleich zweimal hintereinander zwei Gesetze nicht unterschrieben hatte. Das eine betraf die Privatisierung der Flugsicherung, das andere die Verbraucherinformation, die wegen der damals gerade aufgedeckten »Gammelfleischskandale« eine gewisse Aktualität hatte.

Der Bundespräsident empfing mich aber auch in seinem Arbeitszimmer im Schloss Bellevue, dem sehr geschmackvoll wiederhergerichteten Preußenschloss in Berlin. Ich fragte ihn: »Viele haben ja gesagt, es wäre diplomatischer gewesen, Sie hätten die beiden Gesetze sozusagen durchgewinkt und dem Bundesverfassungsgericht gleich das letzte Wort überlassen.«

Darauf Köhler: »Also, der Bundespräsident, in dem Fall ich, ich fühle mich nicht als Unterschriftenautomat. Durchwinken ist aus meiner Sicht das falsche Wort, und Diplomatie sozusagen als Verfahren, wie ich das zu verhandeln habe, ist aus meiner Sicht auch das falsche Wort in diesem Zusammenhang. Hier geht es um Pflichterfüllung, ein Amtsverständnis, dass Bürger wissen, der Bundespräsident kümmert sich darum, dass Gesetze ordentlich zustande kommen, eben nach den Vorschriften des Gesetzes. Der Bundespräsident und die Politik erwarten ja auch, dass die Bürger loyal sind zu Gesetzen, also Gesetze einhalten, und deshalb sollten wir alle, die wir politische Verantwortung tragen, auch darauf achten, dass Sorgfalt bei Gesetzgebung besteht und dass die Bürger wissen, diese Sorgfalt leistet die Politik.«

Mir hat Köhlers Amtsverständnis damals sehr imponiert, und ich habe bedauert, dass er dann völlig überraschend zurücktrat. Sein Nachfolger wurde Christian Wulff. Als der sein Amt als Bundespräsident 2012 niederlegte, erlosch auch meine Moderationstätigkeit im Schloss Bellevue. Sie hat mir viel Freude gemacht.

Obwohl mein offizielles Arbeitsleben längst beendet war, änderte sich nicht viel. Als Autor, Moderator und Reporter war ich nach wie vor gefragt. Das vorerst letzte große Ereignis im Hause Windsor, das ich dann miterlebt habe, war 2018 die

Hochzeit von Prinz Harry und Meghan Markle. Zunächst wollten Großbritanniens Royalisten nicht recht glauben, was sie in den einschlägigen Zeitschriften lasen: Meghan Markle – eine Schauspielerin, eine Amerikanerin, verheiratet, geschieden, und dann auch noch ein afroamerikanischer Familienhintergrund? Das war ja fast noch schlimmer als die Ehe von König Edward VIII. mit der geschiedenen Wallis Simpson. Aber mit der Bekanntgabe des Verlobungsdatums, des 27. November 2017, begriffen auch die zögerlichsten Royalty-Beobachter: Jetzt wird's ernst.

Ich gebe zu: Ich war zunächst auch kein Fan der Verbindung von Harry mit Meghan. Brauchte die Familie Windsor neben Kate, der Frau von William und mittlerweile Mutter von drei Kindern, wirklich noch ein weiteres populäres Aushängeschild in derselben Generation, das permanent im Scheinwerferlicht stehen würde? Aber dann sah ich Meghan Markle, wie sie im Fernsehen über ihre Rolle als Sonderbotschafterin der Vereinten Nationen zum Thema »Gleichberechtigung der Frau« sprach. Sie redete frei von der Leber weg, kein Sprechzettel, sehr natürlich, sehr gewinnend, und da wurde mir dann erst richtig bewusst, wie viel Potenzial diese junge Frau besitzen musste, nachdem schon ihre Schwägerin Kate im Vereinigten Königreich viel Beifall gefunden hatte.

Das andere Großereignis, das nicht nur Großbritannien, sondern eigentlich die ganze Welt beschäftigte, hieß Brexit. Um Mitternacht war die Welt noch in Ordnung. Kurz danach fuhr ich in der sicheren Erwartung nach Hause, dass die frühen Morgenstunden nach jenem 23. Juni 2016 keine Überraschungen mehr bringen würden. Um sieben Uhr morgens setzte ich mir Kopfhörer auf und musste mir anhören, dass sich die Brexit-Befürworter wider Erwarten doch noch durchgesetzt hatten, mit einer hauchdünnen Mehrheit von 51,9 Prozent. Ich war wie vom Donner gerührt.

Durch meine lange Korrespondentenzeit in Großbritannien, durch meine Mitarbeit in der Deutsch-Britischen Gesellschaft, durch meine Jahre in Afrika, in denen ich oft genug auf den Spuren der ehemaligen britischen Kolonialmacht unterwegs gewesen war, bilde ich mir ein, unsere Freunde auf der anderen Seite des Ärmelkanals ganz gut zu kennen. Und ich weiß natürlich sehr wohl, dass es dort noch immer Leute gibt, die an der alten Zeitungsüberschrift »Nebel über dem Kanal, Festland ist abgeschnitten« nichts Ungewöhnliches finden. Aber wer sich daran erinnert, wie dornig der Weg Großbritanniens nach Europa war und wie es dem damaligen konservativen Premierminister Edward Heath dann doch gelang, seine Partei und seine Gegner für den Beitritt Londons zu gewinnen, der fragt sich schon: Warum dieser ungeheure politische Kraftaufwand, erst rein in die EU, dann raus aus der EU, wenn am Ende doch nur viel zerschlagenes Porzellan zurückbleibt?

Ich bin in diesen Jahren der Brexit-Diskussion oft gefragt worden, wie denn die Queen wohl abgestimmt hätte, wenn sie hätte abstimmen dürfen. Natürlich kann ich die Frage nicht beantworten. Aber ich kann versichern, dass alle meine britischen Freunde gegen den Brexit gestimmt haben. Und ich erinnere mich daran, dass die Queen in dieser Zeit einmal einen blauen Hut mit gelben Blümchen getragen hat, blau und gelb, die Farben der Europäischen Union. Mag sein, dass Elizabeth II. ihrer Nation hat signalisieren wollen, wie sie sich an der Wahlurne verhalten hätte. Sie hat diese Art von britischem Humor.

Nachwort

Gemessen an dem, was meine Eltern und Großeltern in ihrem Leben durchgemacht haben, fühle ich mich – einer vom Jahrgang 1937 – vom Schicksal gut behandelt. Die Berliner Bombennächte verfolgen mich nicht mehr im Traum. Die Kriegs- und Nachkriegszeit hat mich eine gewisse Bescheidenheit gelehrt. Meine Bewunderung gehört den Männern und Frauen, die die Ruine Deutschland buchstäblich mit ihrer Hände Arbeit wiederaufgebaut haben. Über siebzig Jahre Frieden – was für ein Geschenk.

Die Männer der ersten Stunde, Männer wie Theodor Heuss, Konrad Adenauer oder Willy Brandt, sind tot. Wir, die wir heute die alte Generation bilden, müssen Kindern und Kindeskindern vermitteln, um welche hohen Güter es geht, wenn von Frieden, von Freiheit, von Solidarität die Rede ist.

Mit großer Sorge beobachte ich die Zahl der Atombomben, die überall in der Welt ihre geheimen und nicht so geheimen Lagerstätten haben. Sie würden ausreichen, um den Planeten Erde mehrfach völlig zu zerstören. Dabei bleibt noch so viel zu tun, um die Erde zu einem noch schöneren Planeten werden zu lassen. Jeder kann dazu beitragen, ob es sich um ein ökologisch geführtes Gärtchen handelt oder um den Ausstieg aus der Atomenergie. Ich freue mich jedes Mal, wenn ich beobachten kann, wie sich in unserer eigenen Familie ein stark entwickeltes Umweltbewusstsein breitgemacht hat. Das war nicht immer so. Aber der Mensch ist ja lernfähig.

Das hoffe ich auch, wenn es um Afrika geht. Da muss man sich schon große Sorgen machen. Es gibt seit Jahren keinen Tag mehr, an dem nicht irgendeine kriegerische Handlung den Frieden dieses gewaltigen Kontinents stört. »Frieden und Afrika«, das ist ein Thema, über das man gar nicht lang genug nachdenken kann.

Dank

Wenn man sich in fortgeschrittenem Alter noch einmal an den Schreibtisch setzt, um sein Leben Revue passieren zu lassen, muss man entweder von seinem eigenen Werk sehr überzeugt sein. Oder andere gehen auf einen zu und sagen: »Du, das musst du unbedingt aufschreiben. Sonst gerät es ja ganz in Vergessenheit.«

In unserer Familie war es meine Tochter Adele, die so argumentierte. »Aber nur, wenn du mitmachst«, antwortete ich, vielleicht, um selbst den Kopf noch aus der Schlinge ziehen zu können. Aber wer Adele kennt, weiß, dass sie so schnell nicht aufgibt. Und so entstand *In Hütten und Palästen* als ein Gemeinschaftswerk von Tochter und Vater. Deshalb gilt mein erster Dank Adele. Ohne ihre Beharrlichkeit und die Ermutigung durch ihren Mann Mick Locher wäre dieses Buch nicht zustande gekommen.

Meine Frau hasst es, im Licht der Öffentlichkeit zu stehen. Danke, Barbara, für alles, was du dessen ungeachtet ertragen hast.

Sebastian und Florian, meine beiden Söhne, haben mich mit ihrem frischen Gedächtnis erfreut.

Großer Dank gebührt auch den zehn regierenden Häusern Europas, die mich zu Interviews empfangen haben. Da, wo der

Generationswechsel schon stattgefunden hat, ist er unumstritten und würdevoll über die Bühne gegangen. Nichts anderes ist von den Häusern zu erwarten, bei denen der Wechsel noch aussteht. Denn nie zuvor in der Geschichte der Monarchien sind künftige Könige und Königinnen so hervorragend auf ihre künftigen Aufgaben vorbereitet worden wie im 20. und 21. Jahrhundert.

Tobias Winstel und seine guten Geister vom Kösel Verlag waren immer schnell zur Stelle, wenn das Projekt in den weiten Steppen Afrikas zu versanden drohte. Auch dafür Dank!

Dasselbe gilt für die zahlreichen Freunde, Bekannten und Kollegen, die uns beim Schreiben gelegentlich über die Schulter geschaut haben.

Veröffentlichungen und Auszeichnungen

Veröffentlichungen

Schawei Zion. Ner Tamid-Verlag. München 1965

Die ungeduldigen Deutschen. Erdmann Verlag. Lenningen 1967

Das Kap der Stürme. Südafrikas Weg in die Krise. Klett-Cotta. Stuttgart 1978

Europas Königshäuser (mit Ludwig Schubert). Econ. Düsseldorf 1998

Deutsche Fürstenhäuser (mit Leontine Gräfin von Schmettow). Econ. Düsseldorf 1998

Europas Königskinder (mit Ludwig Schubert). Egmont. Berlin 1999

Majesty. Königin Elisabeth II. (mit Ludwig Schubert). Egmont. Berlin 2002

Ehrenamtliche Tätigkeiten

UNICEF Deutschland (bis 2007)

Deutsch-Britische Gesellschaft

Deutsche Stiftung Weltbevölkerung

World Childhood Foundation

Medienpreise
Deutscher Journalistenpreis
Goldene Kamera
Bambi
Goldener Gong
Deutscher Fernsehpreis
Dr. Carl-Linder-Preis

Auszeichnungen
Bundesverdienstkreuz am Bande
Bundesverdienstkreuz 1. Klasse
Officer of the British Empire, OBE
Commander of the British Empire, CBE

Bildnachweise

Bundesbildstelle Berlin: 32 (Presse- und Informationsamt der Bundesregierung © Andrea Bienert); 33 (Presse- und Informationsamt der Bundesregierung/Thomas Köhler)
Funke Medien: 34 (Annette Lederer/HÖRZU)
Imago: 46 (Sven Simon)
NDR: 23 (Erismann); 26, 28 (Gita Mundry); 27, 37, 39, 40 (Stuhlmacher); 29, 31 (Banuscher); 36 (Seelmann-Eggebert); 38 (Detlef Drischel); 41; 42 (Pietrowski)
picture-alliance: 44 (Jens Kalaene/dpa-Zentralbild)
Privat: 1–22; 24; 25; 30; 43; 45
seelmannfilm: 35